ENDORFINAS

JACK LAWSON

ENDORFINAS

EDICIONES OBELISCO

Si este libro le ha interesado y desea que le mantengamos informado de nuestras publicaciones, escríbanos indicándonos qué temas son de su interés (Astrología, Autoayuda, Ciencias Ocultas, Artes Marciales, Naturismo, Espiritualidad, Tradición, etc.) y gustosamente le complaceremos

Consulte nuestro catálogo en www.website.es/obelisco

Colección Obelisco-Bolsillo
Endorfinas
Jack Lawson

1.ª edición en esta colección: marzo 1998

Título original: *Endorphins*
Diseño portada de Ricard Magrané
© 1990 by Jack Lawson
© by Ediciones Obelisco, S. L., 1997
(Reservados todos los derechos para la presente edición)
Edita: Ediciones Obelisco, S. L.
Pere IV, 78 (Edif. Pedro IV) 4ª planta 5ª puerta
08005 Barcelona - España
Tel. (93) 309 85 25 - Fax (93) 309 85 23
Castillo, 540, Tel. y Fax 771 43 82
1414 Buenos Aires (Argentina)
E-mail: obelisco @ website.es
Depósito Legal: B. 11.639 - 1998
I.S.B.N.: 84-7720-498-5

Printed in Spain
Impreso en España en los talleres de Romanyà/Valls, S. A.
de Capellades (Barcelona)

Prólogo

En la década de los setenta, uno de nuestros astrónomos más prestigiosos, el profesor Charles Kowac realizó un descubrimiento que si bien no tendría excesivas repercusiones en la historia de la astronomía, sí revolucionaría una disciplina cada vez más considerada por los científicos como es la astrología. Se trataba del descubrimiento del planeta Quirón que tomaría su nombre del famoso centauro mitológico. Asociado a la palma de la mano —*kiros* en griego—, y al arte de curar, el legendario Centauro, maestro de Esculapio y de Aquiles, es uno de los personajes más fascinantes de la mitología griega.

Los astrólogos adjudicaron a Quirón un símbolo sumamente interesante: la llave. Asociado a las situaciones dolorosas, a los *cul de sac*, Quirón venía, sin embargo, con una enseñanza precisa que no ha escapado a los practicantes de la astrología: allí donde creemos estar ante un muro infranqueable se halla siempre la salida. Nuestras más sombrías adversidades son nuestras mejores ocasiones o, dicho de otro modo, nuestro peor enemigo puede convertirse en nuestro mejor aliado si sabemos darle la vuelta.

Si hemos recurrido a Quirón en la presentación de este libro, es porque el símbolo de la llave que le representa resulta harto elocuente a la hora de hablar de endorfinas, y no sólo porque éstas funcionan como una llave, que colocada en la cerradura adecuada es capaz de abrir o de cerrar una puerta, sino también porque metafóricamente son la llave o, si lo preferimos, la clave que nos aclarará muchos puntos oscuros del ser humano y de su alma.

Cuestiones como la ética, la felicidad, la autosatisfacción o la sensibilidad estética tienen una nueva lectura a partir del descubrimiento de las encefalinas, de las cuales forman parte las endorfinas. Como veremos, la felicidad no es algo vago e impreciso, una sensación nebulosa e inconcreta, sino el efecto de un flujo correcto de endorfinas en nuestro interior.

Como también veremos, una de las técnicas más eficaces a la hora de estimular la secreción de endorfinas resulta ser precisamente el masaje. Por otra parte, como se ha podido observar en un buen número de hospitales, la capacidad de recuperación de los enfermos está relacionada con las endorfinas. Y tanto el masaje como la capacidad de recuperación están regidos, al decir de los astrólogos, por el planeta Quirón. Pero no nos adelantemos...

La ciencia moderna nos explica que nuestro organismo produce una gran cantidad de compuestos bioquímicos de vital importancia para el equilibrio físico y psíquico del ser humano. Entre los descubrimientos científicos más apasionantes en este campo ocupan un lugar de excepción las encefalinas. Éstas son sustancias naturales sintetizadas por el organismo humano que, entre otras cosas, alivian el dolor como sólo lo pueden hacer drogas de la familia de la morfina. Sin embargo, varias encefalinas son cientos de veces más potentes que la morfina y, lo que es más importante, carecen de los efectos secundarios de ésta.

Las endorfinas fueron descubiertas por John Hughes y sus colaboradores de la Unit for Research on Addictive Drugs, de Aberdeen.

Las endorfinas, de la familia de las encefalinas son, precisamente, como su nombre indica, morfinas endógenas: un grupo de péptidos de cadena corta con propiedades farmacológicas semejantes a la morfina, aunque de estructura más compleja. Están distribuidas amplia pero desigualmente a lo largo del sistema nervioso en estrecha relación con los receptores opiáceos.

Las endorfinas desempeñan un importante papel neurotransmisor en el sistema nervioso central. Entre otras cosas, se ha comprobado su extraordinaria capacidad para despolarizar las membranas celulares, lo cual disminuye el impulso nervioso.

Pero las encefalinas no están sólo presentes en nuestros intercambios eléctrico- nerviosos; a lo largo de las páginas que siguen veremos cómo las endorfinas están también presentes en nuestras elecciones, buenas o malas, y en numerosos aspectos de nuestro comportamiento. Lo que los usos y la tradición han ido elaborando como «moral» muchas veces no es más que «biológico». Nuestros estados de ánimo, nuestras fobias y nuestras manías, nuestros caprichos y preferencias están estrechamente ligados con el equilibrio y el flujo de las endorfinas. Muchos de los presuntos efectos de la «magia» que nuestros ancestros parecían dominar mucho mejor que los magos actuales se deben sencillamente a que actuaban sobre las endorfinas.

En este libro, que no aspira a ser más que una introducción al tema, que pueda ser leída por todos los públicos, veremos cómo actúan las endorfinas y qué hace que nuestro cuerpo sea capaz de sintetizarlas y en qué condiciones.

Intentaremos que sea un libro fácil de leer y huiremos de los términos científicos por lo general desconocidos para el profano.

Un sencillo ejemplo nos servirá para que cualquier lector entienda enseguida qué son las endorfinas y cómo actúan. Cuando usted se da un golpe, muchas veces siente algo de dolor en el momento mismo, pero al cabo de unos segundos, depende de lo fuerte que haya sido el traumatismo, el dolor desaparece por sí solo: su cuerpo ha reaccionado al dolor sintetizando las endorfinas necesarias para atenuarlo. Pero vayamos más a fondo; si usted tiene, por ejemplo, un dolor de muelas o un dolor muscular que hace algún tiempo que dura y se da un golpe cuyo dolor es más fuerte, es posible que espontáneamente «desaparezca» el dolor anterior: el golpe le ha hecho crear unas sustancias llamadas endorfinas que se lo han aliviado. De todos modos, y esto es algo que sólo algunas personas hipersensibles habrán experimentado, simplemente cuando se nos roza creamos endorfinas. Si no fuera así el más mínimo roce nos haría rabiar de dolor. Recordemos a este respecto a los miembros de la familia Usher del famoso cuento de Edgar A. Poe. La explicación radica, como veremos, en que el consumo exagerado del alcohol produce una mengua de endorfinas; no olvidemos que el genial Poe era alcohólico y acabó sus días en un espantoso *delirium tremens.*

También veremos que las endorfinas están estrechamente ligadas a los mecanismos de defensa. Ello posibilita que prácticas como el masaje o las caricias, que tan placenteras nos resultan, contribuyan en gran manera a aliviar e incluso a curar muchas enfermedades. No nos está curando el masaje, que al fin y al cabo es algo externo, sino nuestras propias endorfinas. Porque cada vez que experimentamos placer están en juego las endorfinas. Aquellos instantes felices que todos hemos experimentado y que muchas veces recordamos como algo muy especial correspondían biológicamente a momentos en que nuestro cuerpo las estaba sintetizando.

Una mañana nos despertamos particularmente felices: el Sol brilla con fuerza en el cielo, los pajarillos cantan al otro lado de la ventana, sentimos un sano apetito y nos apresuramos a ducharnos antes de devorar un suculento desayuno. En el fondo, es un día como todos los demás, pero nosotros estamos especialmente bien, sorprendentemente bien, como si nos hubieran inyectado una droga que nos hace sentirnos más vivos, más felices. ¿Qué ocurre? Por una razón u otra que se nos escapa y que a lo mejor pertenece a nuestra vida onírica, nuestro organismo ha fabricado más endorfinas de lo normal y la presencia de éstas hace que nos sintamos eufóricos y felices.

Freud hablaba de un «sentimiento oceánico», los yoguis hindúes de una consciencia cósmica; poco importa qué término utilicemos para designarlo. Existe un estado de felicidad serena, rayano a la beatitud, en el cual una maravillosa sensación de alegría parece subir por nuestra espalda y sumergirnos en un gozo suave y delicado. Vibramos entonces con la Vida, sentimos que formamos

13

parte de un todo, que de un modo u otro estamos conectados con este todo. Es más, sentimos que todos somos uno, que el prójimo no es distinto de uno mismo y que por esta razón tan sencilla debemos amarle: nos estamos amando a nosotros mismos. Nuestra mente se encuentra inundada por una misteriosa sensación de felicidad y de plenitud: estamos eufóricos.

A veces, esta sensación de felicidad es furtiva, pasajera, transitoria. Dura apenas unos segundos, o a lo mejor unos minutos. Son las endorfinas, y con las endorfinas ocurre lo mismo que con el espíritu: nadie sabe ni cuándo ni dónde sopla. Al menos en el estado actual de nuestros conocimientos.

Si usted es una persona sensible, a lo mejor ha experimentado, aunque sea fugazmente, este estado del que hablamos mientras escuchaba música o durante la lectura de un poema. Pero a lo mejor es un hombre de acción, un deportista, un luchador; entonces su cuerpo le gratificará segregando endorfinas cuando aprieta a fondo el acelerador de su automóvil y adelanta a alguien en la autopista, o cuando logra batir un récord.

Si se trata de una persona caprichosa, el conseguir aquello que quería o el recibir un regalo de la persona querida será lo que active su sistema de secreción de endorfinas.

A través de complejas pero precisas prioridades bioquímicas aparecen en nosotros nuestros deseos, nuestros caprichos, nuestras motivaciones. Los conflictos que vivimos, los desafíos ante los cuales nos hallamos y a los que de un modo u otro respondemos, tienen su traducción en términos de bioquímica. Por regla general, buscamos o deseamos febrilmente objetos exteriores que, al menos inconscientemente, creemos que nos van a aportar felicidad; tenemos manías totalmente irracionales, debilidades caracteriales o caprichos inauditos; todo ello es, mal que nos pese, pura química o, si lo preferimos, puede traducirse en nuestro interior en sencillos términos de bioquímica.

Las llamadas «Medicinas Suaves» o «Medicinas Dulces», las más de las veces apuntan a activar la segregación de endorfinas en nuestro cuerpo. Éstas no sólo alivian el dolor sino que colocan al organismo entero en una situación de relajamiento en el que la energía, el *Ki* de los acupuntores, puede actuar libremente e, incluso, curar la enfermedad.

Pero ¿qué son exactamente las endorfinas?

Las endorfinas son sustancias naturales, bioquímicas, que actúan como analgésicos y euforizantes, segregadas por el cerebro y que desempeñan diversas funciones entre las que cabe destacar un papel esencial en el equilibrio entre el tono vital y la depresión. Dicho en pocas palabras, de ellas depende algo tan sencillo y a la vez tan importante como que nos encontremos bien o que nos encontremos mal. Pero no sólo los estados de ánimo dependen de las endorfinas, también cuestiones que hasta la fecha se habían considerado exclusivas de artistas e inspirados, como la imaginación o la creatividad. Según investigadores de la talla de Charles F. Levinthal, «es muy posible que sean las endorfinas las que brindan los medios de sustento de nuestras energías creativas».

Descubiertas hace aproximadamente 20 años, su estudio ha servido para que la ciencia occidental reconsiderara algunas posiciones sobre las llamadas medicinas orientales y suaves, evidenciando algo que estas últimas siempre han tenido muy en cuenta: la relación cuerpo-mente como un continuum.

Las endorfinas no están sólo presentes en el cuerpo humano, podemos encontrarlas incluso en algunos animales unicelulares. En animales más desarrollados, forman uno de los pilares más importantes del funcionamiento del instinto y de las emociones.

Las endorfinas transmiten información en las sinapsis o conexiones de las células nerviosas; actúan como verdaderos mensajeros bioquímicos que aumentan o disminuyen la capacidad de comunicación de las células nerviosas. Las células tienen en sus paredes unos receptores destinados a combinarse con las distintas sustancias que circulan por el cuerpo. Son, en cierto modo, como «cerraduras» que necesitan de una «llave» que entre perfectamente en ellas para poder «desempeñar» una función determinada.

Tenemos, a lo largo de todo el cuerpo, «cerraduras» para endorfinas que llamamos «receptores de endorfinas»: éstos se encuentran, por ejemplo, en el corazón, la piel, el cerebro, el páncreas, los riñones, etcétera.

Como Quirón, el centauro de la curación, las endorfinas están representadas por la llave.

En el transcurso de alguna cena o de alguna reunión de amigos, todos hemos presenciado cómo alguien aliviaba o incluso hacía desaparecer un molesto dolor de cabeza poniéndole simplemente las manos encima y tocando algunos puntos de acupuntura.

Las migrañas y los dolores de cabeza corresponden, según estudios realizados por neurólogos de Estados Unidos, a una disminución de endorfinas. Por esta razón, para muchas personas un simple disgusto puede ser el causante de un fuerte dolor de cabeza. Del mismo modo, la sensación de placer que puede producir una simple imposición de manos es capaz de estimular la circulación de endorfinas y aliviar un dolor.

Asimismo, según el doctor Charles Denko, el nivel de endorfinas también es particularmente bajo, tanto en sangre como en el líquido articular en enfermos que padecen artritis reumática, ostoartritis y gota. En varios países de Europa son conocidos cierto tipo de curanderos llamados *magnétiseurs* (magnetizadores), que con simplemente imponer sus manos logran aliviar el reuma y la artritis.

Podríamos decir, para entendernos, que las endorfinas son agentes bioeléctricos transmisores de la energía vital. Su flujo procede del cerebro que las crea y dirige. Se trataría de la misma energía que utilizan los magnetizadores en sus sorprendentes curaciones. Si hasta la fecha han sido condenados por la ciencia o se ha tenido un cierto recelo para con ellos, a la luz de las endorfinas el suyo es un tema a reconsiderar. Como veremos en el capítulo siguiente, las endorfinas actúan como neuromoduladores, despolarizando parcialmente las membranas celulares. Esta despolarización, que actúa sobre los impulsos nerviosos transmitidos, es la que bloqueando el dolor produce la sensación de alivio y de bienestar.

Desde la más remota antigüedad las madres saben por instinto que pueden calmar el dolor de sus hijos con caricias y cariños, y lo más sorprendente es que funciona. Ello se debe a los efectos de esa maravillosa droga o, mejor dicho, antidroga, que son las endorfinas. Se ha comprobado, además, que la leche materna contiene una poderosa endorfina, la caso-morfina, que al parecer sirve para reforzar el vínculo de la madre con el bebé mientras lo amamanta.

El objetivo principal de este libro es facilitar un mínimo de información para descubrir qué son las endorfinas, y para activarlas en nosotros con el fin de lograr una vida más plena y feliz.

Endorfinas y encefalinas

Una de las preocupaciones esenciales de los profesionales de la salud ha sido siempre averiguar cómo solucionar el dolor. Se trata de algo lógico y razonable, pues las más de las veces los pacientes se quejan precisamente de lo insoportable de las diversas dolencias que pueden padecer. El dolor y los problemas asociados con su eliminación o disminución ha interesado, pues, desde antiguo no sólo a médicos y sanadores, sino también a magos, brujas y sacerdotes. Algo parece haber en él que le confiere un sentido casi religioso: flagelaciones, autocastigos, expiación de los pecados a través del dolor, etcétera.

Desde la más remota antigüedad se han utilizado toda suerte de métodos para combatir el dolor, desde el supersticioso amuleto hasta los principios activos contenidos en raíces y plantas medicinales. También se ha recurrido a los hongos, al fuego, al agua o a la arcilla. Sin embargo, desde su descubrimiento, el empleo de alcaloides y, más concretamente de los derivados del opio, se han llevado la palma en cuanto a efectividad, pero pronto se observó que el consumo de este tipo de productos conllevaba dos problemas graves: la adicción y los efectos secundarios. Con todo, en la actualidad los derivados del opio siguen siendo las drogas más efectivas a la hora de combatir el dolor.

De un modo paralelo a la utilización de los diversos alcaloides y derivados opiáceos, la ciencia ha desarrollado un gran esfuerzo en el estudio del funcionamiento y los mecanismos de acción a nivel molecular de estos productos narcóticos. Pronto se dedujo del hecho de que algunos de los alcaloides existentes en plantas equivalgan funcionalmente y sean capaces de sustituir moléculas propias de tejidos animales, que sería conveniente buscar en dichos tejidos cuáles eran las moléculas que correspondían a la morfina o a sus derivados opiáceos.

De este modo se ha descubierto que existe una correspondencia entre la Muscarina (vegetal) y la Acetilcolina (animal), la Efedrina (vegetal) y la Noradrenalina (animal) y la

Morfina (vegetal) y los Péptidos opiáceos (animales).

Dada la extrema complejidad del sistema nervioso central, es evidente que el establecimiento de estas correspondencias ha necesitado años de trabajo y ha debido superar un gran número de dificultades. Fue en 1972 cuando Akil descubrió que estimulando eléctricamente el periacueducto gris del cerebro se producía un efecto analgésico en el animal sujeto a experimentación. Este efecto analgésico era antagonizado con Naxolona, un antagonista típico de la morfina. Este descubrimiento vino a confirmar la existencia ya intuida de un producto o productos de características semejantes a las de los opiáceos sintetizado por el organismo animal. Por decirlo de algún modo, se confirmó que existía una morfina interna, de autosíntesis, capaz de actuar sobre el organismo que la había sintetizado.

Sin embargo, cuando se avanzó realmente en el tema fue en 1975 cuando John Hugues logró aislar del cerebro de cerdo dos pentapéptidos que poseían prácticamente la misma actividad opiácea que la morfina y a los que denominó Leucin-Encefalina y Metionin-Encefalina. Se creyó al principio que las encefalinas iban a poder sustituir rápidamente al opio y a sus derivados, pero pronto se descubrió que su tiempo de actuación era muchísimo menor que el de los opiáceos clásicos, lo cual descartaba la posibilidad de ser utilizadas con fines clínicos y terapéuticos. Con todo, las endorfinas son algo más que analgésicos: un sistema químico definido que actúa dentro de toda la estructura cerebral.

Como sugiere Levinthal, «de acuerdo con una teoría muy difundida, el cerebro es engañado» al consumir opiáceos. Y lo más grave es que las cantidades de opio, morfina o heroína que se consumen habitualmente son tan desorbitadas respecto a la disposición del cerebro para acoger a las endorfinas que no sólo la adicción es prácticamente inevitable, sino que son imprevisibles todo tipo de efectos secundarios.

Uno de los aspectos que más interés ha suscitado desde el descubrimiento de las encefalinas ha sido el estudio de sus mecanismos de actuación. Al parecer, éstas actúan como neuromoduladores, modificando la transmisión de la información de una célula nerviosa a otra a nivel de las sinapsis.

En las membranas celulares existen unos

receptores específicos en los que se fijan las encefalinas como si se tratara de una cerradura en la que introducimos una llave. Al fijarse en estos receptáculos, despolarizan parcialmente las membranas celulares con lo cual el impulso nervioso transmitido, que es proporcional a la polarización de la membrana, sufre una disminución.

Estos receptores a los que hacíamos referencia son de diversos tipos, como si estuvieran adaptados a los diversos tipos de opiáceos. Asimismo, están distribuidos de un modo desigual en los diferentes órganos del cuerpo humano.

Las endorfinas y la curación

Uno de los temas más discutidos en el campo de la medicina moderna es el de la curación. ¿Quién cura realmente, el cuerpo o el medicamento administrado por el médico? ¿Procede la curación del exterior o, por el contrario, del interior del enfermo? La respuesta a esta pregunta varía según las escuelas y según los médicos. Por una parte, sería iluso creer que nuestro organismo es capaz de curar por sí solo todas las enfermedades; equivaldría a decir que, al menos potencialmente, somos inmortales. Por otra parte, resulta altamente pretencioso imaginar que nuestra medicina es capaz de curarlo todo y, sobre todo, que sólo ella cura.

Sin duda, la respuesta se halla, como casi siempre, a medio camino. Es nuestro cuerpo el que nos cura al sintetizar las sustancias necesarias, pero en muchas ocasiones un agente externo puede ayudar a que lo haga. Si somos un poco amplios de miras, comprenderemos que este agente externo tanto puede ser un medicamento alopático como uno homeopático o una planta medicinal. Los diversos sistemas médicos son, todos ellos, muy efectivos, pero a menudo el que falla es el médico en su diagnóstico. No siempre resulta fácil detectar con precisión cuál es la enfermedad que causa los síntomas que hemos podido apreciar cuando las más de las veces en un organismo enfermo coinciden varias enfermedades al mismo tiempo.

Con todo, cada día adquiere más vigencia el viejo proverbio chino que afirma que «matar al ladrón no cierra la puerta». Dicho de otro modo, un gran número de especialistas opinan que más que dedicarse desaforadamente a matar microbios y virus, lo ideal es llegar a mantener el sistema defensivo del organismo en un estado óptimo. El concepto de salud cada día tiene menos que ver con una guerra sin cuartel contra los microbios y los gérmenes nocivos y mucho con el concepto de inmunidad.

Los primeros investigadores que estudiaron el tema de las endorfinas ya se dieron cuenta de que existía una íntima relación entre éstas y el sistema inmunitario. Esta característica, que al principio no se valoró excesivamente, ha adquirido, desde la aparición del sida, una gran vigencia. ¿Podría hallarse en las endorfinas la solución a esta plaga del siglo xx? Es difícil responder tanto afirmativa como negativamente a esta pregunta en el estado actual de nuestros conocimientos, pero es innegable que cualquier tipo de tratamiento se verá favorecido si nuestro cuerpo es capaz de fabricar endorfinas con normalidad. Por otra parte, se ha observado que seropositivos que han realizado un cambio de vida ocupándose más de su cuerpo y de su alma e intentando disfrutar al máximo de los días que les quedan, han superado con creces las expectativas de vida que les habían asignado los médicos.

Para ver qué relación hay entre las endorfinas y nuestro sistema inmunitario, recordemos que el más importante flujo de hormonas segregadas en nuestro cuerpo procede del hipotálamo. Esta corriente hormonal irriga la glándula pituitaria en la que estimula la producción de numerosas hormonas que luego se dirigirán a los diferentes puntos de nuestro organismo por medio del sistema circulatorio. Se trata de un proceso continuo, imprescindible para el mantenimiento de la salud. Estudiando este proceso, el doctor Choh Hao Li, de la Universidad de California, detectó que estaba íntimamente relacionado con una endorfina, sin duda la más conocida, la llamada Endorfina-Beta. A raíz de este descubrimiento, el doctor Li realizó otros de igual o mayor importancia, como el de la hormona adrenocorticotrópica o ACTH. Esta última es una hormona de la familia de las endorfinas que, desbloqueando signos inmunitarios permanentes, contribuye sobremanera al mantenimiento de la salud. Esta hormona inmunitaria se produce en las situaciones de estrés. Es la responsable de que en situaciones límite podamos reaccionar como no lo haríamos normalmente.

La inmunidad general, o sea, el conjunto de las defensas del organismo, se beneficia del flujo correcto de endorfinas.

El sistema inmunitario sirve para combatir todo tipo de infecciones, desde las simples gripes hasta las enfermedades venéreas o el sida. También juega un papel importante en la lucha contra el cáncer, incluso antes de que éste se manifieste. Todos tenemos en nuestro cuerpo un elevado número de células potencialmente cancerígenas que nuestro sistema inmunitario se encarga de vigilar y eliminar. Cuando este último empieza a fallar, estas células reaccionan con virulencia y provocan la aparición de la enfermedad. Así, cuando nuestro sistema inmunitario no responde correctamente y no puede defendernos de los ataques malignos, aparecen las enfermedades que potencialmente ya estaban en nosotros. De hecho, no es tanto el virus el culpable de la enfermedad como nuestra incapacidad para defendernos de él. Aunque no se pueda decir que inmunidad es igual a endorfinas, ambas están muy conectadas. Por esta razón seguiremos hablando de la inmunidad y de cómo ésta va menguando en nuestro organismo. Un caso típico es el de las personas que a raíz de una operación importante o de un trasplante han tenido que tomar medicamentos inmunodepresores con el objeto de evitar rechazos. Se ha comprobado por medio de estadísticas que estos sujetos son más propensos a contraer cáncer. No es que este tipo de medicamentos sea cancerígeno, lo que ocurre es que sus defensas han disminuido considerablemente y su organismo no ha sido capaz de eliminar como antes las células cancerígenas.

En diversos hospitales también se ha podido comprobar que pacientes que estaban sometidos a un tratamiento con medicamentos inmunodepresores recobraban «espontáneamente» la salud o evolucionaban más positivamente cuando dejaban de tomar estos medicamentos. Se conocen casos de pacientes que además de cáncer sufrían otras infecciones graves y que se han curado. Es difícil asegurar que la reacción producida por la infección en el sistema inmunitario sea la causante de la curación del cáncer, pero el tema no deja de ser curioso.

El efecto placebo
y las endorfinas

En la historia del tratamiento del dolor se han destacado casos de enfermos que han logrado suprimirlo parcial o totalmente ingiriendo productos inocuos. Se trata de un fenómeno conocido como efecto placebo. Esta palabra quiere decir, en latín, «contentaré», «complaceré». Aunque este nombre no se inventó hasta el siglo pasado, se sabe que los griegos conocían ya el efecto placebo.

Es bastante fácil que algunos de los misteriosos brebajes que durante la Edad Media brujos y curanderos suministraban a sus pacientes tengan mucho que ver con el efecto placebo.

Según el doctor Herbert Benson, de la Escuela de Medicina de la Universidad de Harvard, «en muchas ocasiones el efecto placebo mejora el estado del enfermo y por ello mismo es un aspecto esencial de la medicina».

A menudo, sobre todo en casos extremos, los médicos se han encontrado que o no podían seguir administrando sedantes a sus enfermos, o simplemente que éstos ya no reaccionaban a ellos. Entonces les han dado otras sustancias que, a pesar de no ser calmantes, han logrado producir los efectos de éstos en el paciente. Un simple comprimido de azúcar o una inyección de suero pueden bastar para producir el efecto deseado.

Durante muchos años, el aparato médico no ha tenido muy en cuenta el efecto placebo, pero actualmente ha de rendirse ante la evidencia. No se trata, como se creía, de algo meramente psicológico, sino de un efecto real y comprobado por miles de médicos en centenares de hospitales y clínicas. Que una simple aspirina pueda calmar dolores en los que la morfina ya no es eficaz, no depende obviamente de la aspirina, sino de algo que se halla en el interior del enfermo.

Lo primero que se dijo es que se trataba de autosugestión o de algún tipo de perturbación psicológica debida al dolor que el paciente había tenido que soportar. Pero con todo, este extraño fenómeno resultaba desconcertante; sin embargo, a raíz del descubrimiento de las endorfinas, veremos cómo el efecto placebo puede entenderse mejor.

El doctor J. Levine, en un artículo que apareció en *The Lancet* titulado «El mecanismo de la analgesia por placebo» publicó los resultados de sus investigaciones de la relación de las endorfinas y el efecto placebo. El doctor Levine utilizó en su experimento pacientes que sufrían dolores de muelas especialmente rabiosos. Dividió a estas personas en dos grupos y proporcionó a uno de ellos placebo con el fin de calmar sus dolores. Éste alivió considerablemente los dolores de los pacientes. Sin embargo, al serles suministrada Naxolona, un antagonista típico de la morfina, el efecto del placebo desapareció y los pacientes volvieron a tener dolor de muelas.

Así, pudo demostrarse que el efecto placebo no era una cuestión psicológica, sino que de un modo u otro el cerebro del paciente había segregado alguna sustancia de características semejantes a la morfina.

También se hizo el experimento contrario: antes de suministrar el placebo, se inyectó Naxolona a los enfermos, y se vio que el placebo no surtía ningún efecto.

Es lícito preguntarnos qué hace que tenga lugar el efecto placebo y qué papel desempeñan las endorfinas en él. Se ha visto, a través de la práctica, que existe una estrecha relación entre el efecto placebo y la confianza que tiene el enfermo tanto en el médico como en la medicación. Esta confianza tiene, obviamente, que ver con la memoria. Es, en última instancia, una cuestión psicológica, pero no por ello deja de ser real. Sin duda, se trata de algo muy complejo e individualizado, pero lo que sí es evidente es que las endorfinas desempeñan un papel esencial en el efecto placebo. Se ha comprobado, además, que los placebos amargos suelen surtir mejor efecto que otros; ello se debe, sin duda, a la creencia de que si tiene mal gusto es que cura: sabe a medicina.

Cuando un paciente está convencido de que una medicina le sentará bien, posiblemente será así, aunque desde el punto de vista farmacológico parezca aberrante. Ésta es la razón de que inocuos comprimidos de azúcar, suero vital o agua coloreada suministrados por el médico para satisfacer al paciente tengan a menudo un éxito inexplicable.

Hoy en día es un hecho demostrado que al menos el 35% de los cancerosos se alivian con placebos.

La curación por la fe

No hace falta ir a Lourdes para oír hablar de curaciones por la fe. En Francia existe un movimiento en el que participan miles de personas que se dedican a curar a sus semejantes a través de la fe. Los pacientes son personas que, desengañadas de la medicina oficial o abandonadas por ésta, se han dirigido expresamente a este movimiento animado por Maggie Lebrun. Se han contabilizado miles de casos de curaciones, muchas de ellas totalmente milagrosas. El libro de la señora Lebrun *Médicos del Cielo, Médicos de la Tierra*, ha resultado ser un verdadero *bestseller* del que se han vendido cerca de 150.000 ejemplares.

Las llamadas curaciones por la fe son, las más de las veces, curaciones psicosomáticas. Muy a menudo el sanador se limita a inspirar la fe necesaria.

Es sabido que los estados emocionales modifican la producción de hormonas e incluso los campos eléctricos. Los casos de curaciones por la fe se caracterizan precisamente por estados emocionales fuera de lo normal. Sin duda, en muchas de estas curaciones lo que realmente ocurre es que el cerebro segrega más endorfinas de lo habitual, y el organismo entero reacciona como ante una situación de emergencia.

Brujos y mártires

La historia nos ha dejado el relato de brujos y brujas que fueron quemados en la hoguera y que no se quejaron de dolor alguno. Asimismo, la hagiografía nos recuerda casos de mártires que tampoco parecían sentir ningún dolor al ser arrojados a los leones. Para muchos autores estos aparentes milagros se explicarían de nuevo por la autosugestión, pero parece que lo que realmente ocurrió no fue exactamente un fenómeno de autosugestión.

Movidos por una fe y una convicción total de que este tipo de muerte les iba a conducir directamente al paraíso, no dudaban en entregarse a las fieras sin rechistar.

Es un hecho sabido y comprobado a través de numerosos experimentos que la ansiedad aumenta el sufrimiento. Se ha visto que la simple mención de la palabra «dolor» aumenta la capacidad de sufrimiento. Por lo tanto, un estado de ánimo contrario a la ansiedad tenderá a hacer disminuir el dolor. El estado de beatitud mística en que se hallaban un buen número de mártires sin duda ayudó sobremanera a que sus cerebros segregaran más endorfinas de lo normal. No nos quepa la menor duda de que no mentían: muriendo así entraban en el paraíso.

Las endorfinas y el estrés

Desde que el hombre es hombre, la vida está llena de estrés, que puede manifestarse de muchas maneras. Para el hombre de las cavernas era la ruda lucha contra los elementos, la obtención de alimento y fuego y la autoconservación con todo lo que implica: defensa de un medio hostil, plagas y enfermedades, inclemencias del tiempo, etcétera.

Para el hombre moderno la situación no ha variado sustancialmente. Como sus ancestros debe vestirse y alimentarse, defenderse de las enfermedades y satisfacer sus necesidades más primarias. Sin embargo, gracias a lo que hemos convenido en llamar «civilización», muchas de sus necesidades han variado considerablemente respecto a las del hombre de las cavernas. No obstante, han aparecido nuevas necesidades, más sutiles, más elaboradas, generadoras de otro tipo de retos, de otro tipo de estrés.

Todo lo que nos impide «fluir» de un modo espontáneo y natural provoca en nuestra persona una suerte de «roce» obligándonos a enfrentarnos a ello o a adaptarnos: es el estrés. Cualquier cambio importante en nuestra rutina diaria induce una situación de estrés con la que deberemos enfrentarnos, y de nuestra capacidad para superarla depende nuestra felicidad.

El estrés puede definirse como un conjunto de factores y actitudes que someten al cuerpo y al psiquismo a una verdadera erosión que, en caso de prolongarse, puede desencadenar una serie de procesos neurofisiológicos que conducirán al individuo a padecer una enfermedad psicosomática. Si en la Edad Media los hombres morían a causa de terribles epidemias que diezmaban la población, actualmente, junto con los accidentes de tráfico, las responsables del mayor número de muertes son las llamadas enfermedades degenerativas: cáncer, infarto, arterioesclerosis, artritis, etcétera. La influencia del estrés en todas ellas es hoy en día algo evidente.

Entre los factores más estresantes se encuentran los de naturaleza emotiva. En la lista que ofrecemos en este capítulo veremos cómo para el hombre norteamericano lo que más estrés produce es el tener que encarar una situación de divorcio. La pérdida de un ser querido e incluso la de un empleo también provocan un elevado índice de estrés. El embarcarse en un crédito o en una hipoteca son otras de las situaciones que generan estrés.

Es evidente que estas valoraciones no son absolutas: cada individuo reaccionará a su manera, según su personalidad, según su psicología. Lo que, sin embargo, sí merece ser enfatizado, es que, aparte del estrés físico, el estrés es de orden esencialmente psicológico.

Cualquier situación emocional que choque con la estructura y el «montaje» de nuestro «ego», provocará estrés. Nuestra capacidad de reacción al estrés y nuestra capacidad de adaptación a las situaciones agradables y desagradables en esta vida dependen del grado de «hinchamiento» en que se encuentra nuestro «ego». Por esta razón, en muchas ocasiones la humildad que produce el haber sufrido o el haber seguido a un maestro espiritual es una verdadera medicina preventiva contra el estrés. Nuestra capacidad para entender las motivaciones de los demás y para adaptarnos en vez de enfrentarnos se encuentra aumentada. A medida que un ser humano se eleva espiritualmente, a medida que evoluciona, su habilidad para adaptarse, entender y perdonar va creciendo de un modo paralelo.

Acontecimiento	Nivel
Muerte del cónyuge	100
Divorcio	73
Ruptura de relaciones o separación	65
Prisión	63
Muerte de un pariente cercano	63
Accidente o enfermedad graves	53
Matrimonio	50
Pérdida del empleo	49
Jubilación	45
Embarazo	40
Problemas sexuales	39
Cambio de situación financiera	38
Fallecimiento de un amigo	37
Hipoteca o crédito por más de 750.000 ptas.	31
Cambio de trabajo	30
Abandono del hogar por parte de un hijo	29
Problemas legales	29
Logro personal importante	28
Comienzo o abandono de la escuela	26
Revisión de hábitos personales	24
Problemas con el jefe	23
Cambio de horario laboral	22
Cambio de condiciones laborales	22

Acontecimiento	Nivel
Cambio de residencia	20
Cambio de colegio	20
Cambio de actividades religiosas	19
Cambio de actividades sociales	18
Hipoteca o crédito inferior a 750.000 ptas.	17
Cambio de hábitos alimenticios	15
Navidades	12
Multa de tráfico de poca cuantía	11

Una sencilla imagen nos hará comprender cuál es la situación del «ego» en esta aventura. Imaginemos que somos un maravilloso automóvil, un verdadero bólido que nunca se ha lanzado a experimentar grandes velocidades. De repente, por una razón u otra, nos aventuramos en la autopista de la vida y empezamos a apretar el acelerador a fondo: acabamos de iniciar una búsqueda espiritual o hemos entrado en un camino. Poco importa, sobre todo al principio, sea cual sea éste. Lo realmente importante es que, más o menos conscientemente, hemos decidido abandonar los caminos trillados. A medida que aumenta la velocidad, nuestra carrocería produce más roce: su forma no es precisamente aerodinámica.

En este cuento, el «ego» es la carrocería,

el roce es el estrés y el desgaste que éste va produciendo en la carrocería marca nuestra evolución. A base de tiempo y de velocidad, veremos cómo la carrocería se ha ido deformando respecto a su forma inicial y adquiriendo una nueva forma, más aerodinámica, más adaptada a su nueva vida. Así, en un camino espiritual, el «ego» se va puliendo de manera que su capacidad de producción de estrés se va reduciendo a medida que avanza.

En el mundo moderno parece como si todo fuera acelerado. Nada permanece, todo cambia, y este cambio constante parece ser la fuente más común de estrés.

Incluso acontecimientos que a primera vista nos pueden parecer «normales» son, a menudo, motivo de estrés. El matrimonio, el embarazo, un cambio de trabajo o de colegio son factores de estrés. En la lista anterior hemos visto unos cuantos entre los más corrientes. Cuando estos factores se producen a la vez o en rápida sucesión, el mecanismo de adaptación física y mental del individuo sufre una presión excesiva: ha aumentado el nivel de estrés.

En períodos de inestabilidad o de recesión económica es normal que los niveles de estrés se incrementen considerablemente. Dicho incremento suele ir acompañado de uno paralelo de enfermedades psicosomáticas como infartos, úlceras de estómago, impotencia, insomnio, dermatitis o pérdida de peso.

Aparte de la aparición de estas enfermedades psicosomáticas, el carácter también cambia. El sujeto se puede volver taciturno y perder las ganas de vivir y de luchar.

Por lo general, se intenta combatir el estrés a base de calmantes o estimulantes, pero sus efectos secundarios pueden causar aún más estrés. La única manera, no de combatir sino de compensar el estrés, consiste en ayudar al cuerpo para que segregue normalmente las endorfinas necesarias.

El estrés positivo

En su obra *Estress without distress*, el doctor Hans Seyle distingue dos tipos de estrés, el «eustress» o estrés positivo y el estrés negativo. Existe la tendencia generalizada entre el público en general a concebir el estrés como algo sumamente negativo, como una verdadera crisis de la vida. Todo cuanto nos resulta perjudicial sería atribuible al estrés: depresión, frustraciones, infartos, mal humor, etcétera. Y ciertamente, es cierto, pero se trata de lo que el doctor Hans Seyle denomina estrés negativo.

Cuando estamos sometidos a él, los acontecimientos se ciernen sobre nosotros bloqueando nuestra capacidad de respuesta, nuestra capacidad de felicidad. Actualmente, este tipo de estrés está muy extendido y es el responsable más o menos directo de enfermedades como los infartos, las úlceras de estómago y todo tipo de dermatitis y artritis.

Pero en nuestra vida diaria nos encontramos forzosamente con situaciones que nos producen estrés y muchas veces éste no es tan perjudicial. Tomar una decisión, hacer cola para entrar en el cine o simplemente conducir en la ciudad genera estrés y, por lo general, no parece que nos preocupe demasiado. Puede que incluso consideremos que el estrés es interesante, estimulador.

Uno de los principios básicos en el tema de las endorfinas es que frente a una situación de estrés se segregan endorfinas destinadas a disminuir la tensión que produce. Si el flujo de endorfinas es constante y adecuado al estrés generado, éste resulta estimulante: es el estrés positivo, que entra dentro de nuestra capacidad normal de adaptación. Produce en nuestro organismo una respuesta de tipo simpático: nos estimula y tonifica. Por otra parte, las endorfinas, cuya secreción estimula, producen el efecto contrario: son relajantes y placenteras.

El estrés negativo, por el contrario, hace que nos sintamos sobrecargados, más allá de nuestras fuerzas. Es el *surménage*. Y en esta sobrecarga parece que las endorfinas tienen dificultades para hacerse con la situación y parecen fallar. Quizás hemos querido ir más allá de nuestros límites naturales. Cualquier profesor de yoga sabe que nunca hay que forzar una postura. No se trata de que el principiante realice sus *asanas* a la perfección, la *asana*, palabra que quiere decir «postura cómoda», consiste en un «ir hacia» esa hipotética *asana* formalmente perfecta. Lo importante, como se puede comprender claramente a la luz de las endorfinas, es que nuestro cuerpo se coloque en una situación límite que, sin generar estrés negativo, exija la suficiente tensión como para que reaccionemos segregando endorfinas.

Otras técnicas orientales, como el Tai-Chi, se basan en lo mismo. Vemos en todas ellas un profundo respeto a la relación cuerpo-mente. Nunca hay que forzar: nos impediría producir las endorfinas que a través del ejercicio en particular que practiquemos podríamos lograr.

El estrés negativo puede, sin embargo, llegar a ser muy placentero: nos hallamos entonces ante una situación sumamente peligrosa, cercana al «mono» del drogadicto.

Las grandes multinacionales que se aprovechan de sus ejecutivos exigiéndoles cada vez más resultados, no hacen sino drogarlos a base de sus propias endorfinas, para «tirarlos a la basura» de un empleo peor o del desempleo cuando ya no les sean útiles.

Gracias a la poderosísima capacidad bioquímica de las endorfinas, el estrés se convierte en algo gratificante para el organismo que lo vive, contrariamente a lo que podríamos pensar como algo positivo. Cuando somos capaces de soportar los desafíos que la vida nos propone y notamos que el peligro nos excita, vivimos un estado de estrés positivo: estamos eufóricos. En este estado somos capaces de adoptar un comportamiento que, marcado por nuestra capacidad de adaptación, nos permite triunfar, crecer, aprender y gozar de cuanto nos ocurre.

Actividades que cuando estamos deprimidos se nos hacen difíciles y complicadas se convierten como por arte de magia en algo sumamente excitante cuando estamos sometidos al estrés positivo: nuestro trabajo, nuestro deporte favorito, los problemas cotidianos, todo ello nos hace experimentar placer. Nuestras motivaciones han aumentado milagrosamente gracias a una benéfica corriente de sustancias bioquímicas cerebrales y nuestra capacidad de adaptación se ha consolidado. A partir de este momento nos hemos convertido en luchadores y tanto el trabajo duro como las situaciones difíciles nos resultan estimulantes.

Mientras no vayamos más allá de nues tras fuerzas, el estrés positivo será una fuente de endorfinas que circularán constantemente por nuestro organismo haciendo que nos sintamos bien, pero si «forzamos la máquina» ocurrirá lo contrario: nos agobiaremos y no podremos hacer frente al estrés.

Por otra parte, hemos de pensar que en la sociedad en que vivimos, el nivel de estrés alcanza unas cotas que nunca rozó anteriormente. Esto nos obliga a segregar más endorfinas que nuestros antepasados y, lógicamente, eleva la probabilidad de que nuestras reservas se agoten antes de lo que sería previsible en otras condiciones. El hombre moderno vive situaciones que la naturaleza no ha sido capaz de prever. Sin duda, por esta razón el hombre «civilizado» necesita cada día más sustitutos a los placeres naturales: consume más televisión, más tabaco, más alcohol y más drogas cada año que transcurre. Necesita periódicamente de unas vacaciones, mientras que sus abuelos vivieron felices toda su vida sin saber qué eran.

Por otra parte, la insatisfacción a todos los niveles en que vivimos actualmente y que explotan los gobiernos y la industria a base de la propaganda, está directamente relacionada con el estrés. Mientras no vivamos en un estado de relativa salud psicológica no sólo no podremos ser felices: tampoco podremos ser realmente libres. Estaremos sometidos a las influencias hipnotizadoras de la propaganda y, como el perro de Pavlov, reaccionaremos exactamente como los publicistas, esos magos modernos, han previsto que hemos de reaccionar.

Nosotros mismos debemos tomar las riendas de nuestras propias vidas y saber separar la paja del buen grano cuando se nos propone algo. Es importante que descubramos cuál es el sistema que más se adecúa a nuestra personalidad para ayudarnos a vivir sin estrés. Para algunos será el yoga, el Tai-Chi o la meditación, para otros el masaje y para otros un deporte o un hobby.

Debemos ser capaces de utilizar la capacidad de estrés positivamente. Como decíamos al principio de este libro, nuestro peor enemigo puede convertirse en el mejor aliado si somos capaces de darle la vuelta. Descubramos el ejercicio que más se adapta a nuestra persona y hallemos cuál es la válvula de escape que mejor podremos utilizar.

Cómo combatir el estrés

Para combatir el estrés sólo hay un método: equilibrar el flujo de endorfinas en nuestro organismo. En el capítulo titulado «Cómo segregar endorfinas», expondremos diversos sistemas que ayudarán a conseguirlo. De momento, centrémonos en el más importante: la relajación.

Si queremos modificar nuestro sistema de vida, que al fin y al cabo es lo que nos causa el estrés, debemos aprender a relajarnos. Antes que nada, es preciso que comprendamos que los cambios producidos en el cuerpo afectan a la mente y que, al mismo tiempo, los cambios producidos en ésta afectan al cuerpo. El cuerpo y la mente constituyen una unidad inseparable que sólo una inteligencia polucionada por siglos de cartesianismo nos hace ver como dualidad. En su libro *Bodymind*, Ken Dychtwald nos propone, para eliminar el potencial destructivo del estrés, que «cambiemos de juego». Esto quiere decir que cambiemos de sistema de vida, que hagamos que nuestra vida funcione de otro modo. Una gran cantidad del estrés tiene su origen en las diversas maneras en que abusamos de nosotros mismos a través de hábitos vitales perjudiciales y a través de la competitividad en la que nos vemos sumidos en el mundo moderno. Es obvio que, si mejoramos nuestro tipo de vida eliminaremos o al menos atenuaremos los factores que generaban estrés.

Otra obra que puede ayudarnos a cambiar nuestra vida es el ya clásico de Ken Keyes y Tolly Burkan *How to make your life work*.[1]

Para combatir el estrés es muy importante aprender a cambiar las perspectivas. Hemos de desengañarnos de muchas cosas, simplemente porque estábamos engañados con muchas cosas. Es mucho más positivo para nuestra salud mental ver las cosas tal cual son que no como quisiéramos que fueran. Un buen ejercicio consiste en hacer un repaso

---

1. Existe edición española publicada por Ediciones Obelisco: *Cómo hacer que tu vida funcione*.

periódico de nuestras convicciones, de nuestras actitudes, creencias y escalas de valores.

Fumar, por ejemplo, es una importante causa de estrés. Pero intentar dejar de fumar puede serlo más. A menudo, aquel que quiere dejar de fumar necesita ayuda. Si éste es su caso, no lo dude, ¡pídala! Recurra a sus amigos; muchos de ellos lo soportarán porque han pasado por el mismo trance. No olvide que cuando deja de fumar su cuerpo necesita adaptarse a esta nueva situación y, por un tiempo, segrega menos endorfinas. Este proceso de adaptación puede variar según las personas y según el grado de adicción, pero a la corta o a la larga terminará.

Otra causa de estrés es que, por lo general, no hacemos suficiente ejercicio. La vida rutinaria y sedentaria que lleva el hombre de la ciudad es completamente antinatural. Su cuerpo se vuelve rígido, los músculos se debilitan y la circulación sanguínea empeora. Un cuerpo sano y entrenado puede ayudar muchísimo a reducir el estrés. Cualquier actividad física, si no es exagerada, resulta sumamente positiva: caminar, nadar, hacer deporte, etcétera. Si bien jugar a golf o a tenis no está al alcance de todos los bolsillos, caminar veinte minutos cada día sí lo está. Para los antiguos chinos una de las claves de la longevidad consistía en caminar veinte minutos cada mañana antes de desayunar. No sólo «abre el apetito», sino que también flexibiliza el cuerpo que se ha endurecido después de las horas de sueño. Y el estrés, no lo olvidemos, es una forma de endurecimiento.

Por lo general, utilizamos demasiado el coche o el ascensor. Si somos capaces de acostumbrarnos a realizar a pie los trayectos cortos (la compra del pan o del periódico, ir a la escuela a buscar a nuestros hijos, etcétera) y de prescindir al menos una vez al día del ascensor, en un par de semanas nuestro humor habrá cambiado, tendremos más ganas de vivir y habremos perdido barriga.

Otro aspecto de nuestra vida que debemos vigilar si queremos combatir el estrés es la dieta. La mayoría de nosotros seguimos una dieta inadecuada, o al menos desequilibrada. Pongámonos en manos de un buen especialista, es fácil que tengamos carencias que desequilibren nuestro organismo. Pero también cometemos excesos: la mayoría de nosotros utilizamos más sal de la necesaria o comemos por encima de nuestra hambre natural. Cada vez que rebañemos el plato hemos de darnos cuenta de que este trocito de pan untado en la salsa es precisamente lo que sobra.

Aparte de dejar de fumar, comenzar a practicar algún deporte y vigilar su dieta, si realmente quiere combatir el estrés que le amarga la vida, le conviene aprender a relajarse. Para estar en armonía con uno mismo conviene que periódicamente dediquemos un lapso de tiempo a la interiorización o a la meditación. Existen muchas técnicas de meditación y cualquiera de ellas es buena para empezar. Sin embargo, hay una regla básica que nunca debe olvidar: durante la meditación todo ha de transcurrir espontáneamente, no ha de forzar nada, ha de comportarse del modo más pasivo posible. Si le intentan enseñar un sistema de meditación distinto, recháchelo.

Las endorfinas y las drogas

Como hemos visto, las endorfinas son un verdadero vehículo del placer, de la euforia y de la sensación de felicidad. Se trata exactamente de lo que un elevado número de personas buscan en las drogas. Ésta parece ser una constante en la historia del hombre desde que abandonó el Paraíso Terrenal: buscar fuera de sí lo que ya tiene en su interior.

Resulta obvio que si drogas como la morfina o la heroína funcionan, es porque nuestro organismo está preparado para recibirlas y reaccionar a ellas. Una puerta puede ser abierta si tiene una cerradura por la que introducir una llave. Sabemos que con cualquier llave no podremos abrirla: tendrá que ser la llave que le corresponde o una muy parecida. Si utilizamos la llave adecuada, la puerta se abrirá sin problemas, pero si utilizamos un sucedáneo, con toda seguridad, antes o más tarde, estropearemos la cerradura. Pues bien, algunas drogas no son sino sucedáneos de las endorfinas que, una vez administrados un determinado número de veces, no sólo destrozan las cerraduras, sino también inhiben la fabricación de endorfinas. El caso más patente es el de la heroína, que tantos estragos está haciendo en nuestra juventud.

El heroinómano, al administrarse su dosis, está intentando provocar desde fuera lo que su organismo debería hacer desde dentro. Efectivamente, vive las primeras veces una agradable sensación de felicidad y euforia, de relajamiento y falta de estrés. La prueba está en que muchos drogadictos describen esta situación diciendo: «es como unas vacaciones». Gracias a la droga han «desconectado» momentáneamente con aquello que les producía estrés e infelicidad. Pero esto ocurre únicamente en las primeras dosis: están forzando la cerradura. Lo realmente dramático del caso, además de la terrible intoxicación que se va creando, es que la capacidad del organismo para segregar y para recibir endorfinas va disminuyendo, con lo cual el drogadicto se encuentra cada vez más desprotegido ante el dolor y el estrés. A partir de cierto momento, generalmente después de la segunda dosis, el individuo ya no se «pica» en busca de placer o de sensación de felicidad, sino simplemente para no sufrir, para que no le duela el cuerpo.

Por esta razón, en los diversos métodos de rehabilitación de heroinómanos debería tenerse muy en cuenta la estimulación de secreción de endorfinas. Sin duda, la única manera de salvar a estos enfermos pasa por el reequilibrio de su capacidad de producción de esta antidroga natural.

Como ha escrito un destacado investigador europeo de las encefalinas, José María García Antón, «La existencia misma, pues, de estos péptidos, ha permitido dar un nuevo enfoque al problema de la drogadicción a poder relacionar de manera intuitiva ciertas tendencias a la drogadicción con niveles bajos o deficitarios en encefalinas. Parece ser que incluso la euforia producida por el alcohol proviene en último término de una liberación de encefalinas».

Se ha dicho que las endorfinas «son nuestra morfina interna». El consumo de drogas provoca en el adicto una drástica disminución de los niveles naturales de endorfinas y, dándole la vuelta, lo único que puede ayudar realmente a abandonar la adicción es un aumento de los niveles naturales de endorfinas.

Todos sabemos que para quitarle algo a alguien de una manera no violenta hemos de ofrecerle algo a cambio. Los conquistadores españoles y portugueses obtuvieron enormes cantidades de oro de los indígenas americanos a cambio de trocitos de espejos, y los países industrializados se hacen con las materias primas que necesitan trocándolas a los del tercer mundo por medicamentos o baratijas tecnológicas.

De nuevo se trata de darle la vuelta y ver que para desenganchar a alguien de la droga se le ha de ofrecer, preferentemente, algo de lo que ande escaso. Y en el caso que nos ocupa, ese algo son endorfinas. Las endorfinas son algo natural, algo que ni se compra ni se vende, con lo que no se puede mercadear.

Existe una vieja historia china que dice, en pocas palabras, que si quieres ayudar a un hambriento, no le des un pescado para que se lo coma y al día siguiente vuelva a tener hambre: es mejor que le des una caña y un anzuelo y le enseñes a pescar.

Con las endorfinas ocurre lo mismo: no se pueden administrar desde fuera. Es nuestro propio organismo el que las creará desde dentro, si desde fuera le ayudamos a encontrar la situación y las condiciones propicias para que lo pueda hacer.

En el capítulo titulado «Cómo segregar endorfinas» veremos algunos de los sistemas que nos permitirán acrecentar nuestra producción de éstas.

Además de las llamadas drogas duras, otro tipo de estimulantes o relajantes ejercen un efecto nocivo sobre nuestro organismo: son las llamadas «drogas autorizadas», como el alcohol o el tabaco. Vamos a ver, someramente, qué relación tienen con las endorfinas.

El alcohol es una droga que tomada en cantidades excesivas resulta mucho más peligrosa de lo que generalmente imaginamos. No son sólo sus efectos sobre la persona que bebe, sobre su hígado o en lo que se refiere a su dependencia psicológica de la bebida; lo más peligroso del alcohol es que bajo sus efectos se produce una desinhibición de la voluntad y una pérdida de reflejos cuyas consecuencias son imprevisibles. Un gran número de abusos sexuales se producen bajo los efectos del alcohol, y en muchos accidentes de tráfico se ha detectado que el conductor había bebido unas copas de más.

Hemos visto en capítulos anteriores que la relajación favorece el flujo de endorfinas y, por lo tanto, la sensación de bienestar y de felicidad. En muchas ocasiones, el típico ejecutivo agresivo acaba su jornada laboral en un estado de estrés en el que se le hace difícil una relajación por medios naturales, sobre todo si no está acostumbrado a relajarse y no practica ninguna técnica que favorezca la relajación. Es bastante normal que recurra entonces al gin-tonic o a cualquier otra bebida alcohólica que destensará sus nervios y lo relajará. El alcohol produce una reacción parasimpática de calma y relajación.

Cuando se descubrieron las endorfinas, se sospechó que existía una estrecha relación entre éstas y el alcohol. Se llegó a pensar incluso que la absorción de alcohol podía ayudar a la secreción de endorfinas naturales. Pero pronto se vio que lo que ocurría era exactamente lo contrario.

En la Universidad de Cagliari, en Pavía, Italia, se ha descubierto que la utilización crónica de alcohol anula la capacidad del cuerpo para mantener correctamente el flujo de endorfinas en el organismo. Sin duda esto es debido a que las ganas de la euforia bioquímica producida por las endorfinas aumenta la búsqueda de la impresión parasimpática artificial que produce el alcohol.

Cuando recurrimos al alcohol para enfrentarnos al estrés, lo que realmente estamos buscando es una sensación de calma y de relax *que ya está en nosotros.* El alcohol es un mero sustituto, pero un sustituto peligroso. Sin duda nos ayuda a desembarazarnos momentáneamente de nuestras inhibiciones, pero ¿no sería mucho mejor liberarnos de ellas para siempre de un modo consciente, voluntario? Si cuando hemos bebido estamos más desinhibidos, somos más simpáticos y ocurrentes y bailamos mejor, debemos ser lo suficientemente lúcidos como para darnos cuenta de que el problema está en algo en nosotros que no nos deja ser como realmente somos. Bebiendo nunca lograremos liberarnos de nuestros complejos, solamente los aparcaremos durante un rato para volver a caer más tarde bajo su yugo.

Así como a la tempestad le sigue la calma, a la calma artificial que provoca el alcohol forzosamente le seguirá la tempestad. No nos quepa la menor duda. El organismo se irá debilitando, el hígado irá adquiriendo la forma y las proporciones de un piano de cola y el carácter se irá agriando como el vino que se ha dejado al aire libre durante unos días.

Pero, lo que es peor, poco a poco se creará en nosotros una horrible dependencia que hará que no podamos funcionar normalmente sin nuestra dosis de alcohol. Si antes bebíamos solamente al acabar la jornada laboral, ahora ya lo hacemos por la mañana, para darle un poquito de color a la vida.

El alcohol puede ayudar a olvidar, y a veces es muy beneficioso olvidarse de un problema para encararlo con nuevos ojos al día siguiente; pero lo que nunca logrará es *solucionar* el problema. Y un problema olvidado nunca es un problema solucionado.

Pero a lo mejor nuestro problema no es el alcohol, sino el tabaco. Especialistas en el tema han detectado que hay un aumento de endorfinas en nuestro organismo asociado a niveles de nicotina en la sangre. Se podría pensar que, simplemente, fumar aumenta la secreción de endorfinas y, por esta misma razón, provoca en los fumadores una sensación de felicidad. Pero no es exactamente así.

La nicotina refuerza la acción de la vasopresina, que juega un papel muy importante en la asistencia a la memoria; asimismo también actúa sobre la epinefrina, que ayuda a la

63

vigilia. Sólo por esto, el fumar puede ayudar a los intelectuales a discurrir y a escribir, pero el tabaco tiene también otros efectos no tan atractivos.

No es éste un libro dedicado a la lucha contra el tabaquismo, por lo que no vamos a extendernos pasando revista a todos los efectos nocivos del cigarrillo, que no son pocos. Lo único que nos importa, dado el contexto de esta obra, es señalar que fumar produce en nuestro organismo una reacción de estrés y, por lo tanto, comporta todas las consecuencias positivas y negativas del estrés.

Centrémonos únicamente en las positivas. Hemos visto, en capítulos anteriores, cómo el organismo reacciona ante una situación de estrés segregando endorfinas para compensarla con una sensación de calma y relajación. Los primeros cigarrillos suelen fumarse para hacer como los demás. Más tarde comienza una dependencia psicológica: fumando nos sentimos mayores, más seguros de nosotros mismos, nuestro cerebro está más lúcido y parece que recordamos mejor las cosas. Pero poco a poco, sobre todo si además bebemos, la nicotina y el alquitrán van surtiendo su efecto en nuestras venas y nuestros pulmones; entre otras patologías, la arterioesclerosis no se hace esperar. Al cabo de los años, nuestro organismo se ha acostumbrado de tal modo al tabaco, que ya no fumamos únicamente para sentirnos mayores o más interesantes: necesitamos literalmente del tabaco para poder funcionar normalmente. Fumar, con el estrés que produce en nuestro organismo, es nuestra manera de segregar endorfinas: como el heroinómano, hemos caído en la trampa.

Cuando intentamos dejar de fumar, lo que nos cuesta en realidad no es tanto dejar de fumar como adaptarnos a una situación de menor flujo de endorfinas. Por esta razón, si queremos dejar de fumar, lo mejor es que estimulemos además la secreción de endorfinas.

Un método bastante eficaz que los orientales han exportado con éxito a Occidente es la acupuntura. Se ha demostrado que cierto tipo de endorfinas se elevan tras tratamientos con acupuntura, sobre todo tratamientos del dolor. Éste disminuye a la vez que aumenta la sensación de placer. J. Arehart-Treichel, en un artículo publicado en *Science News* de julio de 1977 titulado «Encefalinas, algo más que destructores del dolor», señala que ha sido demostrado clínicamente que la anestesia producida con acupuntura eleva el nivel de endorfinas.

Con miles de años de existencia a sus espaldas, la acupuntura se está empezando a imponer en Occidente desde hace unos veinte años. En 1874, David Mayer demostró que cuando un punto determinado del denominado intestino grueso (*Ho Ku*), sin duda el más utilizado por los acupuntores, era estimulado con las agujas, podía inducirse un considerable grado de anestesia en los dientes. Esta anestesia era reversible con la Naxolona, con lo cual lo que ocurría era que se había estimulado la producción de endorfinas.

Pero volvamos al tema del tabaco. Según algunos terapeutas especializados en la lucha contra la adicción al tabaco, lo más conveniente es ir reduciendo poco a poco los cigarrillos al tiempo que se estimula la fabricación de endorfinas con, por ejemplo, el *footing* o el *squash*. Además de estos deportes «violentos», que aportarán endorfinas a partir del estrés que provocan, también ayudarán los masajes, sobre todo el masaje metamórfico en los pies.

Las endorfinas y la risa

Varios investigadores modernos han redescubierto algo que nuestros abuelos ya sabían: reír es bueno para la salud. Pero no sólo reír; tomarse las cosas con buen humor, positivamente, sin proyectar nuestra negatividad, todo ello ayuda a vivir una vida más plena.

Es conocido el caso de un importante ejecutivo de Nueva York que, al saberse condenado a muerte por un cáncer irreversible, decidió pasar sus últimos días con la mujer a la que amaba en un buen hotel viendo en vídeo todas las películas de los hermanos Marx. El efecto de la mezcla, y sobre todo de los hartones de reír que se hizo con los chistes y ocurrencias de Groucho, Harpo y Chico fue espectacular: no sólo no murió en la fecha predicha por su galeno sino que al cabo de unas semanas su cáncer había desaparecido. Se había curado con la risa.

Todos hemos podido comprobar cómo

la risa hace que olvidemos las preocupaciones y los problemas y encaremos la existencia más positivamente. Todos los pueblos perseguidos han desarrollado un sentido del humor especial que sin duda les ha ayudado a soportar la persecución.

Si nos hallamos ante una persona deprimida, más que sesudos consejos o pertinentes explicaciones de qué le está ocurriendo, lo que puede ayudarla realmente es que la hagamos reír. El humor tiene algo esencialmente arracional e irracional que ayuda a desbloquearnos psicológicamente.

Los estudios actuales no son definitivos, pero apuntan la idea de que hay una estrecha relación entre la risa y las endorfinas. De entrada, con frecuencia el hecho de reír produce un relajamiento que, como hemos visto, favorece la producción de endorfinas. Efectos que podemos atribuir a estas últimas aparecen también con la risa: se mejora más fácilmente en las enfermedades, es antidepresiva y sirve para mantener la salud.

Una actitud positiva y con un cierto toque de humor ante la vida implica una bioquímica equilibrada, y una bioquímica equilibrada contribuye a que nuestras glándulas segreguen correctamente las hormonas que han de segregar. Con ello nos encontramos con una tasa «normal» de endorfinas en nuestro cuerpo y, lógicamente, de defensas y de capacidad de sensación de felicidad.

Un tratamiento sorprendentemente efectivo contra el dolor es... ¡la carcajada! Aparte de las endorfinas, un gran número de sustancias cerebrales están inducidas por el acto de reír. Una simple sonrisa emite una información que hace que el cerebro segregue endorfinas. Se trata de un mecanismo parecido al que nos hace segregar un jugo gástrico con sólo oler nuestro plato preferido.

Cierta escuela de budismo enseña unas técnicas que consisten en caminar... sonriendo. Se trataría de algo tanto o más beneficioso que la meditación.

Hacer o explicar chistes, ver una película de risa o leer un buen libro de humor pueden ser unos excelentes medicamentos para nuestro cuerpo y nuestro espíritu. ¡Y sin efectos secundarios! Es algo que todos los maestros zen saben.

Como el bostezo, la carcajada es terriblemente curativa. Todos los verdaderos maestros espirituales gozan de un fino sentido del humor y muchas de sus enseñanzas no carecen de un aspecto humorístico. Los cuentos jasídicos, las historietas sufíes o las fábulas taoístas nos dan fe de ello.

Para ser felices hemos de saber colocarnos por encima de ese espejismo que llamamos realidad. Hemos de estar por encima de las vicisitudes del destino, y el sentido del humor, de lo grotesco, de lo ridículo nos ayudará.

Una antigua enseñanza zen nos propone el siguiente ejercicio:

Póngase serio. Reflexione acerca de la gravedad de cada instante: cada segundo que pasa es un paso más hacia la ineludible muerte, es como un grano de arena que ha caído en el receptáculo inferior del reloj y que nunca más volverá a subir. A medida que circula la sangre por sus venas, su vida se va yendo: vivir es morir poco a poco. Cada segundo que pasa mueren varios niños en el mundo, se arruina un banquero y aparece un nuevo virus. Todo es muy serio, todo es muy importante. Adopte una actitud solemne. Ríase.

Ríase a carcajadas porque todo es una broma. Cada momento de su vida era como un trozo de una comedia, sólo que muchas veces usted no se contaba entre los que reían. Pero ahora sí puede reírse, porque es lo único inteligente que puede hacer. Si llega a encararla como se debe, la vida es un fluir constante de gozo y alegría, un perpetuo nacimiento. Nada es eterno y, al mismo tiempo, todo lo es; nada es inamovible, nada es estable. Como en el mito de Sísifo, la piedra siempre acaba cayendo; no vale la pena esforzarse tanto. Ría, ría a carcajadas porque es lo mejor que puede hacer.

Intente desarrollar esa capacidad que poseemos todos los seres humanos de ver las dos caras de la moneda. Sepa ver la verdad en la mentira, el bien en el mal, la oportunidad que indefectiblemente se halla en cualquier dificultad. Todo lo que a primera vista parece negativo, tiene su lado positivo. No caiga en la trampa de juzgar prematuramente lo que les ocurra a las personas con las que se encuentra. Vaya al fondo de las cosas más allá de los contrarios.

La negatividad y las endorfinas

Hemos visto que una actitud positiva y humorística ante la vida ayuda a que nuestro organismo segregue endorfinas, pero también ocurre lo contrario. Una actitud negativa, pesimista, «ceniza», bloquea nuestro sistema de secreción de endorfinas.

La depresión, ese mal de nuestro tiempo, es algo que perjudica seriamente a la salud: inhibe la fabricación de endorfinas y perjudica su circulación por nuestro organismo.

Todas las religiones, todos los sistemas filosóficos y de autoayuda o autosuperación hacen hincapié en el hecho de que para tener éxito y ser feliz en esta vida conviene que seamos positivos y la encaremos con humor y dinamismo. Aquel que es negativo proyecta su negatividad sobre todo lo que le rodea e incluso sobre todo lo que le va a venir, nos dicen. Si el hombre no es 100% responsable de su destino, al menos lo es en un tanto por ciento importante desde el momento en que su actitud para con la vida tiñe su destino del color que predomina en ella. Para aquellos que son rosas, la vida será de color rosa y para aquellos que todo lo ven negro, la vida será oscura y tenebrosa.

No es necesario que nos extendamos demasiado en este punto e intentemos desarrollar una compleja teoría de por qué la negatividad es mala. No es éste un libro de moral, sino de divulgación científica. Recordemos simplemente que nuestra actitud mental desempeña un papel decisivo en la producción de endorfinas, esa droga de la felicidad. Si tenemos malos pensamientos, si tenemos ideas cenizas y pesimistas, estamos enviando a nuestro cerebro una información que va a ser decodificada y asociada a momentos en los que nosotros lo hemos pasado mal, y del mismo modo que en los buenos momentos fabricamos endorfinas, en los malos éstas escasean. Dicho de otro modo, el mismo mecanismo que ayuda a la secreción de endorfinas, utilizado al revés, puede estropear los mejores momentos de nuestra existencia. Sinceramente, no vale la pena.

Pero la depresión puede aparecer después de un acontecimiento exterior poco deseable: cuando perdemos a un ser querido o se desvanece algo en lo que manteníamos nuestras esperanzas, suele aparecer la depresión. El shock emocional que nos ha producido ha hecho disminuir de golpe el aporte de endorfinas a la sangre.

Cuando nos sentimos deprimidos, hemos de pensar que no estamos funcionando normalmente. Por una razón u otra, que conviene consideremos lo más lúcidamente posible, nuestra capacidad de secreción de endorfinas ha menguado temporalmente. Es importante que nos demos cuenta de una cosa: se trata de algo temporal, pasajero, como las nubes que en lo alto del cielo nos cubrían el Sol: sin lugar a dudas, mañana habrán desaparecido. Hemos de ser asimismo conscientes de que la salida de la depresión no se encuentra fuera de nosotros, sino en nuestra propia capacidad para reaccionar a ella produciendo las suficientes endorfinas para lograr de nuevo el equilibrio perdido. Si intentamos evadirnos, lo cual a veces es muy lícito, intentemos no hacerlo a través del alcohol o las drogas: el remedio sería peor que la enfermedad. Vayamos a ver una película de aventuras o una buena comedia que nos ayuden a olvidarnos de nosotros mismos; quedemos con un amigo que nos quiera y nos comprenda, ante el cual podamos abrirnos y manifestarnos sin tapujos. Muchas veces la depresión no es sino una reacción a nuestra manera de vivir, con sus convencionalismos y su hipocresía. Ser franco, saltarse de vez en cuando y conscientemente a la torera las estrechas convenciones que nos impone la sociedad no es sólo curativo, también puede ser profiláctico.

Recordemos momentos felices. Si el ser humano está dotado de una facultad llamada memoria, por algo será; aprovechémosla.

La depresión es una limitación, una frustración. Cuando estamos deprimidos nos sentimos limitados, frustrados, contradichos. Para combatir la depresión conviene que nos afirmemos a nosotros mismos, pero no a través del alcohol o el tabaco. Aunque dura y dolorosa al principio, la autoprospección suele surtir los mejores efectos.

No nos engañemos, tratemos de vernos tal cual somos. Aceptémonos y amémonos. No nos culpemos. Intentemos averiguar por qué no nos gusta tal o cual cosa de nosotros mismos, analicemos lo que consideramos nuestros defectos y veremos que en el fondo no son sino la otra cara de la moneda de nuestras virtudes. Si podemos corregirnos en algo, hagámoslo; el mero hecho de intentarlo resultará mucho más euforizante que cualquier droga, ¡y mucho más barato!

No intentemos tampoco combatir la depresión con antidepresivos. Jugar con nuestro cerebro, en el estado actual de nuestros conocimientos, es como pretender arreglar un reloj sin ser relojeros. Lo más fácil es que al final no sepamos qué hacer con las piezas y el aparato funcione aún peor que al principio. Y sobre todo, no juguemos nunca a aprendices de brujos automedicándonos.

Las llamadas drogas antidepresivas suelen tener unos indeseables efectos secundarios, las más de las veces imprevisibles, que dependen en gran manera de la persona que las ingiere.

Podemos comparar la depresión con un lago. Si sus aguas se mueven y fluyen normalmente, siempre estarán más o menos limpias y llenas de peces. Sin embargo, si están estancadas y enfangadas, los peces morirán y aquéllas se pudrirán.

Con la depresión ocurre algo similar. Podríamos decir que ésta se manifiesta a raíz de un estancamiento bioquímico en nuestro organismo. Los científicos han observado que el estancamiento parasimpático parece reforzar la habituación a la depresión. Debemos, pues, considerar dos factores: el de entrada y el de salida. En efecto, el lago puede estancarse porque no llegan a él nuevas aguas de lluvia o de un río. Es la depresión por falta de estímulos. Por otra parte, el lago puede estancarse porque sus aguas no fluyen hacia el mar: es la depresión por bloqueo, por encerrarnos demasiado en nosotros mismos: nos sentimos entonces limitados, frustrados.

En el primer caso nos hallamos ante una carencia de endorfinas, mientras que en el segundo parecemos encontrarnos ante un exceso. Algunos autores aconsejan que en este caso demos un masaje a alguien o acariciemos a nuestro perro. En el primer caso, sin embargo, resulta más conveniente que seamos nosotros quienes recibamos el masaje.

La vida es un regalo demasiado precioso como para que lo despreciemos no viviéndola plenamente. Las contrariedades que puedan surgir no están ahí para hundirnos, sino para animarnos a superarlas. Superar un obstáculo no es sólo algo excitante o edificante, como obtener un premio o batir un récord, es algo que estimula en nuestro organismo la secreción de endorfinas.

La droga de la felicidad

Salvo casos patológicos, todos los seres humanos aspiramos a ser felices. Pero lo que entendemos por felicidad, a pesar de ser algo muy personal, no es un mero concepto teórico, filosófico, sino un estado real que se alcanza y que se pierde.

Con todo, es un estado relativo: podemos ser más o menos felices, podemos sentirnos más o menos felices.

Sea como fuere, la vida humana gira en torno a la búsqueda de la felicidad, *en torno a aquello que nuestro cerebro interpreta que nos causa felicidad*. Para algunos puede ser la acumulación de bienes materiales, para otros el disfrute de goces estéticos o espirituales y para otros simplemente disfrutar de una posición segura y atenerse a unos principios morales y éticos.

Sin embargo, todo ello pertenece a lo que tomamos por «normalidad». Y en nuestra vida pueden aparecer momentos en que nos apartamos de esta «normalidad».

En alguna ocasión, sin saber muy bien por qué, sin ninguna causa aparente, vibramos de placer, nos sentimos extraordinariamente bien, vivimos esa maravillosa sensación de plenitud que se ha convenido en llamar «euforia». Sentimos que la vida vale la pena de ser vivida, que los problemas nos resbalan, que estamos bien dentro de nuestra piel. Esta sensación de euforia es el resultado de la acción de las endorfinas. Se apodera de nosotros cuando recibimos un regalo o cuando nos sorprenden con algo.

Nos telefonea la persona amada o nos toca la lotería: nos sentimos eufóricos. Nuestro equipo favorito marca aquel gol que le faltaba para ganar la liga o caemos por casualidad sobre aquel sello que nos faltaba para completar una serie de nuestra colección; poco importa el hecho en sí, lo realmente importante es cómo lo encajemos, qué efecto va a producir en nosotros. Con ello vemos que no sólo estímulos de tipo físico sino también de tipo emocional pueden poner en marcha el mecanismo que activa las endorfinas.

Todos conocemos la historia de aquel ejecutivo que al cabo de algunos años de duro ejercicio de su profesión empezaba a padecer los efectos de ésta: amenaza de infarto, estrés continuado, problemas sexuales y de relación, y un largo etcétera. Aconsejado por su mejor amigo, otro ejecutivo triunfador, comienza a hacer *footing* todas las mañanas o a jugar a *squash* dos veces por semana y al cabo de quince días su vida ha cambiado «milagrosamente»: vuelve a poder contentar a su pareja, rinde más en su trabajo, ya no tiene aquellos pesadísimos dolores de cabeza e incluso parece que cuando aparecen aquellos problemas que antes lo desmontaban, ahora le motiven y luche con más energía y tesón para lograr los resultados apetecidos. No nos quepa la menor duda, el tipo de vida que llevaba había hecho disminuir la secreción de endorfinas. Con el *footing* o el *squash* ha vuelto a activarla.

Otro caso típico es el de aquella jovencita depresiva que parecía que no tenía ganas de vivir. Se fue de vacaciones empujada por unos amigos a un país lejano y exótico, y he aquí que estalla la revolución. Su vida-muelle de la ciudad ha quedado atrás y ahora sólo importa una cosa: la supervivencia. Como por arte de magia, nuestra amiga ha cambiado totalmente: ahora es la más valiente, la más dinámica, la más activa y la que manifiesta más ganas de vivir de todo el grupo. De nuevo son las endorfinas quienes han operado este espectacular cambio psicológico en nuestra amiga.

Arriesgarnos, enamorarnos, hacer aquello que realmente tenemos ganas de hacer saltándonos las estúpidas barreras de la rutina, los prejuicios y los tabúes hace que segreguemos endorfinas. Ver a James Bond o a Superman realizar aquellas proezas con las que siempre hemos soñado, nos lo confesemos o no, contemplar al galán de la película hacerle el amor a la rubia de nuestros sueños y, sobre todo, identificarnos con ellos durante el espacio de tiempo que dura la película, también esto activa la fabricación de endorfinas. Como en el caso del huevo y la gallina, resulta difícil saber quién es primero: la endorfina que produce placer o el placer que hace segregar endorfinas. Sin duda hay que ver aquí un complejo *feed-back:* la gallina pone el huevo y del huevo nacerá otra gallina. Dicho de otro modo, las endorfinas producen placer y aquello que nos produce placer estimula la fabricación y el flujo correcto de las endorfinas.

En las últimas décadas la ciencia ha descubierto que, desde un punto de vista fisiológico, un gran número de procesos patológicos relacionados con los mecanismos de la transmisión nerviosa son regulados por las endorfinas. Se ha establecido que ciertos estados depresivos y maníacos así como enfermedades como la esquizofrenia guardan una relación estrecha con el nivel de encefalinas del sujeto en el líquido cefalorraquídeo.

Las endorfinas y el recuerdo

Los diversos experimentos científicos realizados con voluntarios han evidenciado que niveles altos de endorfinas están asociados al optimismo, al bienestar, mientras que los niveles bajos corresponden a estados de pesimismo y depresión. Asimismo se ha podido observar que las imágenes positivas estimulan la creación de endorfinas, mientras que las negativas la inhiben.

Pero no sólo la secreción de endorfinas es importante para gozar de una buena salud física y psíquica, también lo es el correcto flujo de éstas por nuestro organismo. Un buen número de problemas psicológicos está asociado a un desequilibrio bioquímico. Los modernos avances de la neurología y de la psicología parecen demostrar que nuestras elecciones, tanto afectivas como mentales, desempeñan un papel significativo en el equilibrio bioquímico del organismo. Una sensación, un pensamiento, un olor incluso, pueden desencadenar todo un proceso como, por ejemplo, el de la digestión. Pensar en comida puede hacernos «la boca agua»; imaginar que estamos con la persona querida o con alguien que consideramos muy atractivo puede llegar a excitarnos, y tararear una melodía de nuestra juventud emocionarnos.

Lo que vemos, lo que oímos es transformado en nuestro cerebro en mensajes bioeléctricos. Lo mismo ocurre con otros procesos sensoriales. Estos mensajes bioeléctricos se encargan de estimular la formación de endorfinas.

En este mecanismo desempeña un papel primordial la memoria. El miedo, el dolor y el placer son memoria; sólo la sorpresa está más allá de lo conocido.

Cuando tenemos miedo, nunca tenemos miedo a lo desconocido, por extraño que pueda parecer. Se trata siempre de temor a algo conocido que nos provocó dolor y cuya experiencia no queremos repetir. Este sencillo mecanismo se halla en la base de un buen número de fobias o manías; la relación es inconsciente y, las más de las veces, escapa a cualquier concepción lógica.

El dolor psicológico no es, en esencia, distinto: obedece a un mecanismo parecido. En el pasado, muy a menudo en la infancia, hemos vivido una situación dolorosa. Ahora estamos ante algo que, de un modo u otro, nos la rememora: reaccionamos con el dolor psicológico.

El mecanismo del placer no difiere esencialmente de los dos anteriores, aunque en cierto modo funciona al revés. Recordamos un momento de intensa felicidad, algo nos hace volver a la memoria una sensación de plenitud y experimentamos de nuevo si no un placer igual al de entonces, uno algo más suave, más difuminado.

En los tres ejemplos que acabamos de dar entran en juego las endorfinas. Los dos primeros nos ayudarán a comprender por qué en muchas ocasiones huimos de nosotros mismos y nos refugiamos en los paraísos artificiales del alcohol o las drogas: nuestros recuerdos, para producir en nosotros una sensación semejante a la del momento recordado, han inhibido la fabricación o el flujo de endorfinas en nuestro organismo. En el tercer caso ha ocurrido exactamente lo contrario: ha habido una estimulación.

Con ello vemos que una de las claves para estimular la secreción de endorfinas y favorecer la felicidad se halla precisamente en el recuerdo. En el capítulo «Cómo segregar endorfinas» describiremos diversos métodos para ayudar a nuestro cerebro a fabricar esta droga de la felicidad.

Para que las endorfinas puedan fluir libremente a través de nuestro organismo, es imprescindible que periódicamente nos relajemos. Por lo general, esta relajación necesaria nos la proporciona el sueño, pero a menudo resulta insuficiente. El ruido de las ciudades, la vida ajetreada que solemos llevar, el exceso de excitantes y el estrés son, además, los causantes de que nuestro sueño cotidiano no resulte lo reparador que debería. Esto lo podemos experimentar fácilmente por contraste: ¿no dormimos muchísimo mejor cuando estamos de vacaciones en el campo o a la orilla del mar? Esta deficiencia debe ser subsanada, y para ello cualquier método de relajación o de meditación será de gran ayuda.

Nuestra capacidad de recordar a nivel

consciente funciona mucho mejor cuando estamos relajados, cuando estamos equilibrados. A nivel inconsciente ocurre lo mismo. Si queremos que puedan afluir a nuestra memoria aquellos recuerdos positivos que nos ayudarán a segregar endorfinas, es importante que no descuidemos la relajación. Un buen ejercicio, aconsejado por infinidad de terapeutas, consiste en relajarnos antes de dormir. Sólo nos tomará unos minutos y a menudo será un excelente pasaporte para el reino de Morfeo.

En la cama, en la posición que adoptamos normalmente para dormirnos, dirijamos la consciencia a la punta de los pies. Sintámoslos y relajémoslos. Notemos su peso.

Cuando notamos que los pies se relajan, hagamos lo mismo con los tobillos, las rodillas, las piernas. Sintamos que son como corcho. Poco a poco, pues tenemos todo el tiempo del mundo y nadie nos está esperando, hagamos lo mismo con el tronco, hasta que se haya relajado todo el cuerpo, que sentiremos como una armadura. Pero lo más fácil es que antes de acabar ya nos hayamos dormido. Pronto nos daremos cuenta de que el sueño iniciado con una relajación es mucho más reparador que el otro.

Cómo segregar endorfinas

Si los efectos de las endorfinas son tan espectaculares y tan beneficiosos para el ser humano, es lícito preguntarnos qué podemos hacer para segregarlas o al menos para favorecer su fabricación dentro de nuestro organismo. Ellas son, a fin de cuentas, la droga natural que necesitamos no sólo para sobrevivir, sino también para poder «funcionar» normalmente en esta vida.

Hemos visto que un potente «creador» de endorfinas es el recuerdo. Recordar situaciones placenteras, en las que nos sentíamos flotando, relajados, abandonados a nosotros mismos puede ayudar a que nuestro organismo vuelva a segregar el mismo tipo de endorfina que provocó la situación recordada. Ésta es la base de un gran número de técnicas de meditación y de curación que utilizan la llamada «Visualización Creativa». Por otra parte, muchos de los poderes «mágicos» que podríamos atribuir a magos, curanderos y gurús también pueden explicarse a partir de las endorfinas.

Podemos ayudar a la fabricación de endorfinas de dos maneras: relajándonos o forzando el organismo. Ambas tienen sus ventajas y sus desventajas.

Cuando nos relajamos, ocurre algo parecido a cuando el piloto de un avión pone en marcha el piloto automático. El consciente deja de actuar al 100% y el subconsciente aumenta su actividad. Entonces el cuerpo se autorregenera y células y órganos «piden» al cerebro lo que necesitan. Se efectúa algo así como una especie de reparación de todo el organismo durante la cual las endorfinas juegan un papel complejo e importante. En cierto modo es como si pudieran circular mejor, como si el colapso circulatorio hubiera desaparecido. La prueba de lo beneficioso de la relajación es que muy frecuentemente nos dormimos al cabo de poco tiempo de iniciarla. El yoga, la meditación o cualquier técnica de relajación nos permitirán relajarnos completamente, o casi, sin perder la consciencia en cuanto tengamos un poco de práctica. Aún más, alcanzaremos un estado más purificado de consciencia en el cual la realidad se nos aparecerá como más luminosa, como más beatífica. Incluso es posible que tengamos visiones, premoniciones o reciba mos mensajes telepáticos. Todo ello ha sido estudiado por la parapsicología y no es, en el fondo, nada anormal; se trata de potencialidades del ser humano que el estado de estrés en que vivimos habitualmente nos impide experimentar. Lo importante, sin embargo, es que en este estado parece como si despertara en nosotros otra inteligencia no racional que sabe mejor que nosotros mismos qué necesitamos para estar felices: endorfinas. Esta inteligencia no racional es la que nos impulsa a que escuchemos aquel disco que hacía tanto tiempo que no oíamos o nos sugiere que quememos una barrita de incienso. En personas para quienes la música o el incienso no se asocian con situaciones placenteras anteriores, se tratará de la relectura de un libro o del impulso irracional a llamar a aquel amor de juventud que nunca hemos podido olvidar del todo. Para otros se convertirá en hambre, ganas de ir al fútbol o de hacer el amor.

Un sencillo ejercicio nos servirá para que ayudemos a nuestro organismo a fabricar endorfinas. Antes que nada, tomemos papel y lápiz, estirémonos en nuestra cama o en un lugar cómodo y demos rienda suelta a nuestra imaginación. Intentemos, sin forzar nada, recordar cosas agradables. Cada vez que nos venga una situación agradable a la mente, anotémosla en la libreta. No se trata de redactar un acta, con precisión notarial, sino más bien de apuntar dos o tres frases que por su puntualidad o por las palabras precisas que contengan nos vuelvan a traer a la memoria el recuerdo agradable. Tampoco es necesario que estas frases sean forzosamente lógicas o gramaticalmente correctas. Ha de ocurrir algo parecido con lo que pasa cuando escribimos un poema. Sin duda, al releerlo años después volvemos a sentir lo mismo que cuando nos fue «inspirado».

De nuevo nos relajamos y dejamos que afluyan imágenes a nuestra mente, y cuando nos hallamos ante otra imagen placentera volvemos a intentar escribirla, como podamos, en la libreta.

Guardamos la libreta hasta que la necesitemos, o sea hasta cuando nos sintamos tan tensos que no podamos encontrar imágenes agradables.

Si nos hallamos en este caso, intentamos relajarnos y, con la ayuda de nuestra libreta, buscamos qué sensación pasada se nos hace más fácil de recordar. Entonces es muy importante que estemos atentos a qué reacciones se producen en nuestro cuerpo y en nuestra mente cuando recordamos algo placentero. Si podemos, se trata de algo tan sutil que a menudo y sobre todo al principio es difícil de verbalizar, intentamos apuntar también qué sentimos.

Con la práctica, esta tarea será más fácil. Sin embargo, no hemos de intentar nunca forzar ni caer en el error del perfeccionista que no quiere dejar de escribir nada que considera importante. Con nuestros apuntes podemos ir fabricando más tarde «clichés» o «fichas» totalmente personales e intransferibles que excitarán el mecanismo de fabricación de endorfinas. Además, estas «fichas», que podemos aprender de memoria, pueden servirnos para otros usos. Por ejemplo, para infundirnos serenidad en los momentos difíciles, para ayudarnos a ganar cuando jugamos a tenis o al ajedrez o simplemente para controlarnos cuando sentimos una necesidad imperiosa de partirle la cara a nuestro jefe o de echar de casa a patadas a nuestra suegra.

Otro ejercicio que con un poco de práctica puede resultar muy efectivo consiste en «visualizar» las endorfinas. Evidentemente, esto es imposible y en realidad no visualizamos nada porque nadie ha visto nunca una endorfina, pero el hecho de imaginarlas en forma de energía que afluye hacia la parte de nuestro cuerpo que las necesita puede ayudar muchísimo.

Podemos atribuirles un color, con preferencia el azul, e imaginar que una luz azul recorre nuestro cuerpo proporcionando un agradable frescor a nuestros miembros. Es importante que cuando realicemos estos ejercicios respiremos lenta y profundamente, y sobre todo que sintamos los efectos benéficos del oxígeno que penetra en nuestros pulmones y se transforma en energía que nuestra sangre se encargará de transportar hasta la última de nuestras células.

También podemos «forzar» nuestro organismo para que segregue endorfinas. Es el caso del *footing* y del *squash* del que ya hablamos. A menudo nuestro organismo necesita que lo «sacudamos» para poder reaccionar a la vida rutinaria que solemos llevar y fabricar endorfinas. Muy a menudo, cuando aceptamos un reto y vamos más allá de nuestras propias fuerzas, la sensación de plenitud que experimentamos después no es sino el resultado de las endorfinas que hemos tenido que crear. Es el caso de aquel empleado que un día tiene que hacer horas extras para acabar un aburrido trabajo que ha ido dejando para cuando tuviera tiempo. Paradójicamente, al acabar con su tarea siente un bienestar inusual que en modo alguno puede proceder de ésta.

De todos modos, creemos que sólo es conveniente «forzar» el organismo en los casos extremos, y que tanto a la corta como a la larga resulta mucho mejor estimular la fabricación de endorfinas por métodos suaves. Una de las reglas de oro que no nos cansaremos de repetir a lo largo de este capítulo es que debemos hacer todo lo posible para recordar qué imágenes nos producen placer y felicidad para poderlas «aprovechar» ulteriormente. Un mar tranquilo con olas azules, las aguas arremansadas de un lago, el color del cielo de un día soleado, la mirada inocente de un niño, la belleza de una mujer o el olor de su piel, todo sirve para que recordemos aquello que en su momento nos causó felicidad. Tenemos un arsenal de recursos infinito a nuestra disposición que en modo alguno nos podemos permitir el lujo de despreciar.

Una simple gota de aquel perfume que nos gusta basta para que emprendamos la jornada con más alegría y optimismo. Nuestro cerebro instintivo decodificará este mensaje asociándolo a los momentos de placer en que dicho perfume estaba presente.

Un recuerdo de la persona amada, uno de esos objetos que para nosotros tiene «una enorme carga emocional» será, no nos quepa la menor duda, el mejor de los amuletos. Nada de supersticioso hay en ello: sólo pura bioquímica.

¿Quién no recuerda el olor de la hierba fresca, del césped recién cortado, húmedo, cercano al del ozono, con una sensación de frescura y apacibilidad? ¿Por qué apreciamos de un modo casi supersticioso aquel buen vino, de una buena añada, más que otro de una mejor o de una marca más prestigiosa? ¿Por qué nos gusta rodearnos de cosas bellas? ¿Por qué algunas personas no soportan vivir en el desorden y otras sí? Porque el vino al que hacíamos referencia nos sugiere momentos inolvidables, las cosas bellas acarician nuestra sensibilidad y el orden nos proporciona sensación de seguridad y de bienestar. Y todo ello ocurre porque nuestro organismo segrega las endorfinas necesarias.

Si queremos activar la secreción de endorfinas, hemos de empezar conociéndonos, sabiendo qué nos gusta, qué nos gratifica, y el recurso de la libreta al que hacíamos mención resulta muy útil.

Si, por ejemplo, nos gusta comer, hemos de intentar ser más conscientes cuando saboreamos nuestras comidas. Hemos de saber qué estamos comiendo, masticar lentamente, degustándolo todo, sacándole el máximo de jugo. Podemos aprender a mezclar las comidas y a inventar nuevos platos guiados por nuestra intuición. Conviene que, cuando cocinemos, «carguemos» lo que estamos haciendo de felicidad: no nos quepa la menor duda de que ésta pasará a la comida. Es importante que comamos acompañados con personas a las que queramos o con las que nos sintamos bien. Hemos de estar relajados mientras practicamos este rito y nos puede ayudar el acompañar nuestra comida de un buen vino. Pero no conviene excederse con el alcohol, pues demasiado alcohol en la sangre bloquea la secreción de endorfinas. Todo lo que hablemos durante la comida ha de ser positivo e incluso si tocamos temas delicados, hemos de hacerlo desde un punto de vista optimista, comprensivo. No conviene tocar temas escabrosos mientras se come. Por esta razón resulta aberrante que tanta gente coma y cene viendo la televisión, sobre todo las noticias. En nuestros días parece que sólo las catástrofes son noticiables.

Después de comer es importante, si queremos mantener el flujo de endorfinas que hemos desencadenado, no romper el ritmo que hemos creado. No conviene realizar ejercicios violentos. Lo más conveniente es un tranquilo paseo continuando la conversación iniciada durante el ágape. A veces lo más conveniente es permitirse el lujo de comer una buena pastilla de chocolate, si es lo que nos hace ilusión. No temamos: si no abusamos, no nos hará daño. Nuestro cuerpo sabe mucho mejor que nosotros qué nos conviene y sus caprichos son las más de las veces sabias indicaciones u orientaciones. Embotándolo a base de comidas groseras y excesivas o a base de alcohol en cantidades desorbitantes le impedimos que nos diga cómo podemos ser más felices.

Pero puede ocurrir que lo que realmente nos guste no sea comer, sino escuchar música. ¿Quién no ha experimentado más placer oyendo una pieza que ya conocía y que había oído en su infancia que con una pieza nueva? De nuevo los recuerdos son nuestros aliados.

Si deseamos sacar el máximo partido de nuestra melomanía debemos esforzarnos en percibir del modo más puro posible los sonidos. Muchas veces, cuando estamos relajados, tranquilos y sin preocupaciones, «escuchamos» sonidos o matices que normalmente se nos escapan. Y ello no sólo ocurre con la música, nos pasa también en la vida de cada día. El sonido de los pájaros, de un río, de las olas del mar o de las hojas que caen en otoño puede resultar de una gran belleza si sabemos escuchar. Según los estudios de la doctora Susan M. Ryan, los pájaros cantan porque eso los hace felices: cantando segregan endorfinas. Y lo que es mejor, si logramos desarrollar la sensibilidad necesaria, también nosotros fabricamos endorfinas cuando escuchamos cantar a los pájaros. El que muchas personas no sepan vivir sin un canario o un periquito se debe a este maravilloso mecanismo natural.

También cantando segregamos endorfinas. Un refrán popular que encontramos en todos los países afirma que «el que canta sus males espanta». El nivel de endorfinas presente en un cuerpo está, según ha demostrado la doctora Ryan, estrechamente vinculado con las cuerdas vocales. El canto de *mantrams,* una apasionante ciencia dominada no sólo por los yoguis hindúes y los lamas tibetanos, sino también por los magos y encantadores de todos los tiempos, puede lograr efectos realmente sorprendentes porque actúa directamente sobre la fabricación de endorfinas. Lo contrario también es cierto: una voz desagradable o un ruido insoportable pueden llegar a desquiciarnos los nervios. La voz tiene que ver con la felicidad. No nos quedemos callados. Utilicémosla para aumentar nuestra dicha.

A lo mejor nuestra afición es la lectura; podemos ayudar a equilibrar el flujo de endorfinas en nuestro organismo apoyándonos en ella. Releer un libro que nos gustó en nuestra adolescencia o empezar una novela de nuestro autor preferido pueden proporcionarnos un placer indecible. La lectura nos permite «viajar» por mundos imaginarios y ya hemos visto cómo la imaginación nos ayuda a segregar endorfinas.

Si lo que nos gusta realmente es hacer deporte, también podremos aprovechar esta afición para estimular la fabricación de endorfinas. Sin duda seremos conscientes de cuán importante es una alimentación equilibrada y sana para mantener en forma nuestro organismo y poder practicar nuestro deporte favorito: nuestro cuerpo así nos lo exige, pues necesita estar perfectamente alimentado para rendir al máximo segregando una cantidad extra de endorfinas.

Practiquemos nuestro deporte favorito si es posible al aire libre: una buena oxigenación es indispensable para que podamos sintetizar las hormonas que necesitamos.

Se ha comprobado que el *footing* produce una enorme cantidad de endorfinas. Esto se debe a que al hallarse ante una situación de estrés, nuestro organismo reacciona produciendo encefalinas. Según estudios realizados en varias universidades de Estados Unidos, las personas que parecen enfrentarse al estrés sin problemas poseerían endorfinas parasimpáticas más constantes y resistentes. Por otra parte, personas altamente irritables que constantemente están «estresados» parecen sufrir, o de un estado de carencia de endorfinas o, al menos, de menos receptores de endorfinas de lo deseable. Haciendo *footing* estamos colocándonos voluntariamente en una situación de estrés que controlamos y, por lo tanto, no puede hacernos daño.

¿Nos hemos detenido alguna vez a pensar cuál era la característica constante de nuestros momentos de felicidad? Para algunos es estar enamorado, para otros hacer un regalo, para otros recibirlo, para otros ser agasajado y para muchos ser halagado. En estos momentos estamos mejor predispuestos a fabricar endorfinas; por esta razón un contratiempo que en otro momento nos haría estallar de ira se convierte en algo sin importancia, o el canto de un pájaro en el cual no habríamos reparado se nos aparece como algo bucólico y maravilloso.

Conseguir cosas o alcanzar metas que nos hemos fijado son también poderosos métodos para segregar endorfinas. Los científicos han observado que las concentraciones más elevadas de receptores de opiáceos y endorfinas del cerebro se hallan en el llamado «sistema límbico». «En él», escribe Charles E. Levinthal, «se halla la clave para entender la base neural de la conducta dirigida hacia la "recompensa" (por contraste con la dirigida hacia el "castigo").» Planteémonos metas y luchemos por ellas; sin duda aumentaremos el flujo de endorfinas y seremos más felices.

Y finalmente, otro de los métodos que ayudan a segregar endorfinas es dormir. ¿No se ha fijado nunca que un niño que no ha dormido las horas suficientes está malhumorado y se comporta de un modo agresivo? Pues a los adultos nos ocurre lo mismo. Si dormimos poco o mal desciende el nivel de endorfinas en nuestro organismo y los efectos se hacen notar en todas nuestras actividades.

Gracias al flujo de endorfinas se ha desarrollado en nosotros, al menos momentáneamente, una consciencia sensorial estrechamente ligada a lo delicado, a lo amoroso, a lo estético: se ha establecido en nuestro organismo el equilibrio bioquímico que necesitaba.

Poca gente se percata de que la palabra «imagen» procede de «magia» y está relacionada con la imaginación. La imaginación es una fuerza poderosísima gracias a su conexión con la bioquímica cerebral. Los sorprendentes efectos de un buen número de técnicas de visualización y de meditación se deben a esta conexión. Podemos imaginar acontecimientos pasados o acontecimientos futuros y cuando lo hacemos estamos desencadenando complejos procesos bioquímicos que pueden manifestarse en forma de efectos fisiológicos reales. La medicina moderna ha llegado a la conclusión de que un elevadísimo número de enfermedades son de naturaleza psicosomática. Por pura lógica, hemos de deducir que la curación también debe ser, o al menos puede ser, de carácter psicosomático.

Recientes investigaciones del doctor Howard L. Fields y sus colaboradores de la Escuela de Medicina de la Universidad de California han demostrado que los pacientes pueden producir endorfinas analgésicas conscientemente. Al serles administrada Naxolona, el efecto de estas endorfinas cesaba y volvían a sentir dolor: este hecho demuestra que no se trata de autosugestión o imaginación, sino de algo muy real.

Resumiendo, diremos que para alcanzar o, al menos, tender hacia el estado de felicidad al cual estamos destinados, hemos de conseguir que se restablezca en nuestro organismo el flujo correcto de endorfinas. Ello sólo es posible si conseguimos que nuestra mente no esté separada de nuestro cuerpo. El antiguo dicho de *mens sana in corpore sano* nos brinda el secreto de la felicidad: cuando estamos sanos física y mentalmente todo, en nuestras vidas, funciona mejor.

Así como en las grandes ciudades no se

puede circular si las calles están abarrotadas de coches aparcados en segunda o tercera fila, lo mismo ocurre en nuestro organismo. La energía, el *Ki* de los acupuntores, debe fluir correctamente para que nuestra máquina funcione. Es el único secreto, y el secreto está en nosotros...

El secreto está en nosotros

Hemos visto que todo ser humano, a menos que esté psicológicamente muy enfermo, aspira a ser feliz. No se trata casi nunca de una aspiración consciente, racional, sino de un deseo inconsciente fuertemente arraigado en nosotros que utiliza para sus fines toda la información que le proporcionamos.

En muchas ocasiones, por falta de consciencia o de cultura, utiliza incluso métodos erróneos. Esto ocurre porque muchas veces confundimos la felicidad con la autosatisfacción. Lo que no nos gusta o no nos satisface nos produce infelicidad.

A veces la vida se nos presenta tan llena de problemas y de contrariedades que nos sentimos incapaces de reaccionar. Parece como si nos faltaran las fuerzas. Se trata de una situación que suele plasmarse en los sueños en forma de pesadilla: alguien nos persigue y no llegamos a poder mover nuestras piernas. Entonces es más fácil ceder a la angustia o a la depresión que reaccionar. Pero esto no soluciona el problema mientras no logremos relajarnos. Sólo así nuestro organismo podrá comenzar a equilibrar el flujo de endorfinas.

Cuando estamos angustiados sólo deseamos una cosa: liberarnos de aquello que nos oprime y ser felices, pero ocurre que nuestra mente no sabe cómo hacernos felices. A su manera lo intenta, pero cae en todas las trampas. Sólo el iluminado puede discernir entre aquello que nos proporcionará felicidad y aquello que nos acarreará desgracia. Sin embargo, nuestro cuerpo sí sabe cómo hacernos felices: sintetizando endorfinas y distribuyéndolas por todo nuestro organismo. Nuestro subconsciente también contribuye a esta tarea proporcionando las informaciones necesarias. Es la base de la publicidad: se excita nuestra curiosidad asociando lo que se nos quiere vender a algo que inconscientemente relacionamos con placer. Así vemos que se anuncian coches junto con señoras estupendas o desodorantes en ropa interior. Las más de las veces se recurre a la sexualidad para incitar al cliente a comprar.

Así, a fuerza de publicidad mal digerida,

acabamos relacionando la felicidad con la adquisición de bienes materiales y con el consumo desenfrenado de aquello que nos ofrece la televisión. Se ha dado el caso de personas psicológicamente enfermas que tenían la casa llena de discos o casetes que no escuchaban, o que tenían varias neveras que no utilizaban y eran más desgraciadas de lo normal. Nos venden cualquier producto como algo bueno y deseable y acabamos creyendo que la felicidad se halla en él y no en nosotros mismos, en nuestra propia capacidad para disfrutarlo. Se nos crean deseos artificiales que, si no son satisfechos, nos producen la horrible sensación de que somos desgraciados. Esto lo podemos constatar particularmente en los niños y adolescentes que son muy sensibles a la propaganda. Si no tienen un pantalón vaquero de determinada marca o unas zapatillas de tenis determinadas, parece que son menos que los demás y ello les produce infelicidad.

Pero, como ya hemos visto, nuestro potencial para ser felices se halla exclusivamente en nosotros. Todos los maestros espirituales de todos los tiempos lo han dicho y repetido: *el secreto está en nosotros*. Los objetos exteriores tienen también su importancia, pero como «accionadores» de lo que ya está en nosotros. Desengañémonos, no nos va a hacer felices cambiar el automóvil, sino las endorfinas que nuestro cuerpo va a segregar cuando nos entreguen el coche nuevo y nos sintamos admirados por nuestros vecinos.

Todos sabemos de personas «que lo tienen todo en la vida» y que no por ello son felices. Antes al contrario, muchas veces son sumamente desgraciadas y necesitan acudir al psicoanalista varias veces por semana para poder mantener un frágil equilibrio psicológico. Sin duda tienen lo que una persona pobre nunca tendrá, pero considerarán como problemas lo que para alguien menos potentado no lo sería.

Nos hallamos en una época de expansión industrial y económica y, sobre todo en Occidente, «nunca se había vivido como ahora». Sin embargo, a pesar de los innegables adelantos técnicos e higiénicos, esto no es enteramente verdad. Muchas veces es más feliz el hindú que sólo come un plato de arroz al día que el europeo que come cinco veces. Por otra parte, ¿a quién no le han explicado sus padres o sus abuelos que eran pobres pero felices? Sin duda, lo que se ha convenido en llamar «calidad de vida» era superior. Y ser feliz es una cuestión de calidad de vida, no de cantidad de letras que pagar a final de mes. Ser feliz es una cuestión de equilibrio, de estar en paz con nosotros mismos, con nuestros deseos, con nuestras aspiraciones, incluso con nuestros sueños. Se trata de aprender a ver el lado positivo de las cosas y de aprovechar las oportunidades que nos brinda la vida.

Ser feliz es una cuestión de resonancia. Se trata de ser lo suficientemente hábil para que los acontecimientos exteriores nos encuentren optimistas y equilibrados y de esta manera, resonando con nuestro interior, nuestro flujo de endorfinas sea constante.

Para poner un ejemplo gráfico, podríamos decir que la felicidad se respira, pero no se respira de afuera, con los pulmones, sino de adentro y el «oxígeno de la felicidad» son las endorfinas. Si el flujo de éstas en nuestro cuerpo se estanca, empezamos a sentirnos mal física y psicológicamente. Nuestra capacidad para desarrollar una consciencia receptiva agudizada que nos permita vivir más plenamente la vida y aprovechar al máximo las oportunidades que ésta nos brinda es la base de nuestra felicidad. Y el secreto, lo hemos visto a lo largo de todo este libro, se encuentra en las endorfinas.

Entre las causas que producen ese «estancamiento» al que hacíamos referencia, se encuentra el estrés. Sin duda una gran parte de nuestra infelicidad se la debemos al estrés y a nuestra incapacidad de luchar contra él. Según el doctor Seyle, la capacidad de adaptación al estrés varía según cada persona. Tenemos, además, un límite de capacidad de adaptación que hace que, cuando nos adaptamos a una situación de estrés, nuestra capacidad se ve reducida, menguada. Con el tiempo, si no llegamos a compensar esta disminución, podemos vernos abocados a una situación límite que depende, obviamente, de nuestra capacidad de adaptación al estrés. En ello juegan un papel importantísimo nuestros estados de ánimo. Si estamos eufóricos, «encajaremos» mejor los golpes del destino; el optimismo es la mejor coraza contra los ataques exteriores que nos provocan infelicidad. Sin embargo, si nuestro estado de ánimo es bajo o estamos bajo los efectos de una depresión, fácilmente sucumbiremos a los efectos del estrés negativo.

Con todo, y esperamos que la lectura de este pequeño libro haya contribuido a ello, aun en los peores momentos de nuestras vidas hemos de recordar que somos demasiado maravillosos como para ser desgraciados. La vida es algo demasiado bello y precioso como para ser desaprovechado.

Es necesario que te rebeles contra el aburrimiento, contra la depresión. ¡Drógate con la Vida! ¡Drógate con tus propias endorfinas!

Bibliografía

La bibliografía relativa al tema de las endorfinas y encefalinas es sumamente extensa en la actualidad, pero se trata casi siempre de artículos excesivamente técnicos para el lector no especializado. No hemos querido sobrecargar este libro con una bibliografía más larga que él y nos hemos limitado a los trabajos que de un modo u otro hemos utilizado.

AKIL, H. D.J. MAYER y J. C. LIEBESKIND, *Antagonism of stimulation produced analgesia by naxalone antagonist*, en *Science*, vol. 191, 1976.

ALEXANDER, F., *Psycosomatic Medicine*, Norton, 1950.

AMIR, S., Z.W. BROWN y Z. AMIT, *The role of Endorphins in stress: evidence and speculations. Neuroscience and Biobehavioral Review*, vol.4, 1980.

AREHART-TREICHEL, J., *Enkephalins: More than just painkillers. Science News*, n.º 112, 1977.

BEECHER, H.K., *The powerful placebo. Journal of American Medical Association*, n.º 12, 1955.

BENSON, H. Y EPSTEIN, H.D., *The placebo effects: A neglected asset in the care of patients. Journal of the American Medical Association*, n.º 12, 1975.

BERGER, P.A., H. AKIL Y J.D. BARCHAS, *Behavioral pharmacology of the endorphins. Annual Review of Medicine*, vol. 33, 1982.

BOLLES, R.C. Y M.S. FANSELOW, *Endorphins and behavior. American Review of Psychology*, vol. 33, 1982.

DAVIS, JOEL, *Endorphins, New Waves in Brain Chemistry. Dial Press*, 1983.

GARCÍA ANTÓN, JOSÉ Mª. *Péptidos y Proteínas como fármacos. Rev. Farmacs*, NPQ 298, 1988.

GUILLEMÍN, ROGER, *The Endorphins: novel peptides of brain and hypophisial origin, with opiatelike activity: biochemical and biologic properties. Annals of the New York Academy of Sciences*, vol. 27, 1977.

KING, C., *Effects of B. Endorphin and Morphine on the sleepwakefulness behavior of cats. Sleep*, vol. 4, n.º 3, 1981.

LEVINTHAL, CHARLES F., *Messengers of Paradise*, 1988.

MARKOFF, R.A., P. RYAN Y T. YOUNG, *Endorphins and mood changes in long-distance running. Medicine and Science in Sports and Exercise*, vol. 14, 1982.

GUNNE, L.M., LINDSTROM, L. Y WIDERLOY, *Endorphins in mental health research*, Ed. Usdin, 1979.

MOSS, I.R. Y E.M. SCARPELLI, *B-Endorphin central depression of respiration and circulation. Journal of Applied Physiology*, vol. 50, 1951.

PELLETIER. K.R., *Holistic Medicine (From stress to optimum health)*, Delta, 1981.

PERT AGU, *The body's own tranquilizers. Psychology Today*, vol. 15, 1973.

PERT, C.B., BOWIE, D.L., FONG, B.T.W. Y CHANG, J.K., *Opiates and endogenous opioid peptides*, Amsterdam, 1976.

RILEY, A.L., D.A. ZELLNER Y H.J. DUNCAN, *The role of endorphins in animal learning and behavior. Neuroscience and Biobehavioral Review*, vol. 4, 1979.

SEYLE, HANS, *Stress without distress*, Dutton, 1974.

VIVEROS, O.H., DILIBERTO, E.J., HAZUM, E Y CHANG, K.J., *Neural Peptides and Neuronal Communications. Raven Press*, 1980.

Índice

ASTROLOGÍA GUÍA PRÁCTICA
Alan Oken

Basada en una experiencia de siglos, la Astrología es una vía para explicar los acontecimientos de la propia vida que, de otro
modo, parecen inexplicables. Astrología Guía
Práctica, brinda una introducción a ésta, la
más antigua de las ciencias.

En esta obra el lector encontrará información clara y práctica sobre las siguientes cuestiones:

● Cómo se desarrolló la ciencia astroló-
  gica.
● Los doce signos del Zodíaco y su significado.
● Los planetas y cómo afectan la propia
  vida.
● Las Casas y su papel en la propia experiencia.
● Las Cartas Astrales de Jacqueline Onassis
  y el príncipe Carlos con cartas en blanco
  para que el lector pueda practicar.

EL LIBRO DE ORO
Saint Germain

El Libro de Oro de la Hermandad Saint Germain recoge la Sagrada Escritura que el Maestro Saint Germain dispuso para Su Era de Oro y que forma el Tercer Ciclo de Enseñanza de la Hermandad Saint Germain. El discípulo Saint Germain, un precursor del «Yo Soy», advierte a los estudiantes —a los que está dirigida en especial la obra— que no hay que dejarse engañar por las cosas exteriores o la apariencia, creada y distorsionada por el hombre. Tampoco importa que nos tropecemos continuamente en la vida pues Dios jamás critica ni condena, sino que tiene una paciencia infinita. El mensaje de Saint Germain se resumiría en una frase: el que conoce el poder de Dios dentro de sí no tiene que temer nada de nadie.

Quien esté interesado en indagar en su obra hallará sabios consejos en este libro que demuestra que se puede experimentar la plenitud de Dios en nuestra propia vida y en el mundo y que, si somos conscientes de la presencia divina en nuestro interior, nos colmaremos de salud, prosperidad, felicidad, paz y perfección.

ORACIONES MÁGICAS
Abad Julio

Tras el espectacular éxito obtenido por la primera edición de las *Oraciones Mágicas* del Abad Julio, se imponía la edición de una antología más completa de oraciones del famoso sacerdote y curandero.

Plegarias de eficacia comprobada por numerosos curanderos de todos los tiempos y lugares, las *Oraciones Mágicas* son rezos para todo tipo de enfermedades, físicas, mentales o espirituales, plegarias contra los espíritus perversos o contra la posesión diabólica, oraciones para obtener el amor de la persona amada, la revelación de las cosas ocultas o simplemente para luchar contra las adversidades de la vida.

Esta nueva edición contiene además la *Oración al Espíritu Santo* y una eficacísima *Novena al Espíritu Santo*.

LA CRUZ DE CARAVACA

El tesoro de Milagros y Oraciones de la Cruz de Caravaca es el libro de oraciones y conjuros más famoso de todos los tiempos. Contiene plegarias, conjuros, secretos mágicos y oraciones curativas.

Oraciones para hacer fortuna, ahuyentar a los demonios y librarse de los enemigos. Utilidades y usos mágicos del agua bendita.

Esta edición, profusamente ilustrada con grabados de santos, es la más completa que se conoce.

MAGIA PARA TODOS
Xilef Aron

En todas las épocas han existido adivinos y
magos. En la antigua Grecia, el adivino
Tiresias leía el porvenir mediante el vuelo
de las aves. Varios siglos después, Nostra-
damus predijo un increíble número de sucesos... Sin embargo, ¿cuál era el secreto de
estos hombres? ¿Tenían una magia personal
distinta al resto? Evidentemente, lo que sí
podemos asegurar es que habían asimilado
una «otra forma» de concebir el Universo,
observando y percibiendo el espíritu que se
esconde en cada rincón de la creación.
En este libro descubrirás que tú también
puedes «ver» más allá del mundo tangible.
Que puedes transformar tanto los sucesos
como tu propia realidad.

LA LUZ DE LA ORACIÓN
Narci Castro de Souza

Para orar, no basta con repetir mecánicamente una fórmula bonita; hay que saber sentir cada palabra, dejando que suene en nuestro corazón. Los textos que componen *La luz de la oración* son un compendio de plegarias en las que se analiza con exhaustividad el significado de las palabras clave, aquellas que pueden ofrecer una luz a la oscuridad del alma. Asimismo, se reproducen una serie de oraciones muy indicadas para diferentes situaciones y estados de ánimo como pueden ser la enfermedad, el nacimiento de una criatura, la orientación ante una decisión difícil o la acción de gracias. Ahora sólo falta encontrar la atmósfera y el momento más adecuado para llevar a la práctica estas lecciones de espiritualidad.

CÓMO SER FELIZ
Ken Keyes Jr.

Ser feliz es lo más importante en esta vida. Eres demasiado maravilloso como para impedirte a ti mismo ser feliz. Son tus luchas y tus exigencias las que te hacen desgraciado. Es tu corazón cerrado el que te impide ser penetrado por las vivificantes flechas del amor.

Cuando abras tu corazón, descubrirás muy pronto que la gente te responde abriéndote sus propios corazones. Sólo existe una persona en el mundo capaz de hacerte feliz. Y sólo existe una persona en el mundo capaz de hacerte desgraciado. ¿Qué te parece intentar conocer a esta persona más profundamente?

Para empezar, ve al espejo a mirarte, ¡sonríe! Has encontrado la persona. Acabas de empezar.

Esta *Guía para ser feliz* te explicará cómo has de continuar.

MAGIA CASERA
Xilef Aron

Son muchos los problemas por los cuales
un ser humano debe atravesar, pero nunca
debe desesperarse ni ceder ante ellos. Muchos de ellos tienen una solución al alcance
de la mano. Esta solución la conocían las
antiguas hechiceras, que dominaban los secretos de la naturaleza y sus energías.

Este libro pretende ayudar a trabajar sobre
esas energías sutiles que nos rodean, de un
modo simple y con aquellos elementos que
se conocen desde la infancia y no se sabía
que podían utilizarse con fines mágicos. El
material que se encuentra en las páginas de
este libro ha sido seleccionado y puesto al
día minuciosamente para ser utilizado por
el ama de casa. ¡Invitamos a que refuercen
su poder y actúen activamente sobre su destino!

CÓMO VER BIEN SIN GAFAS

Ver bien sin gafas es posible cuando sabemos qué ocurre con nuestra vista y nos esforzamos en solucionarlo por medios naturales. Nuestra forma de alimentarnos, nuestras costumbres sedentarias, la luz eléctrica y la televisión contribuyen a debilitar nuestra salud ocular.

Como ocurre con nuestro cuerpo, también nuestros ojos necesitan "hacer gimnasia" para estar en forma y contrarrestar los hábitos nocivos. En la presente guía se enseñan numerosos ejercicios sumamente simples para mejorar la visión para desarrollar mayor salud.